NF文庫
ノンフィクション

提督 井上成美

海軍の沈黙美をくつがえした男

生出 寿

潮書房光人新社

中将時代の井上成美

少将時代の井上成美（前列中央）

晩年の井上成美

まえがき

海軍兵学校長井上成美《しげよし》中将は、海軍大臣米《よ》内《ない》光政《みつまさ》大将のたっての頼みをうけて、太平洋戦争末期の昭和十九年八月五日、国家存亡にかかわる海軍次官となった。

それからまもない八月二十九日、井上は「大和民族保存」のために、もはや一日も早く終戦するしかないと、職を賭《と》すはげしさで米内海相に迫った。米内はそれを待っていたように即座に同意し、そのときから日本海軍の終戦工作が正式に始まった。

米内・井上の終戦とは降伏のことであり、それは有史以来かつてなかったことで、また多くの日本人は、最後は一億玉砕が名誉ある日本民族の取るべき道と信じていただけに、なみなみならぬ決断であった。

さらに井上の降伏説は、

「国の独立さえ失われないものであるならば、敵が天皇制を認めないといっても、終戦すべきだ」

という、日本陸軍や国粋主義者がこれを知れば、国賊として、まちがいなく殺されるような徹底したものであった。

さすがに米内は、「天皇制存続」を絶対条件としていて、この点は容認しなかった。二人のやるべきことは、天皇をなんらかの方法で動かし、機会を見て終戦の号令をかけてもらえるようなお膳立《ぜんだ》てをすることであった。

これにたいして最大の障害は日本陸軍であり、いまや、米内・井上の敵はアメリカ・イギリスではなく、日本陸軍であった。

その陸軍は手がつけられないほど頑迷で、そのために終戦工作は遅々として進まなかった。

けっきょく日本は、その後戦うたびに大敗し、昭和二十年八月、本土決戦寸前に、二度の原子爆弾投下と、ソ連参戦によって、やっと降伏し、かろうじて壊滅から救われたのである。

それにしても、天皇をはじめ、米内光政、井上成美、外相東郷茂徳《とうごうしげのり》らの強硬な平和論者がいなかったならば、陸軍にひきずられて本土決戦をやり、「天皇制」どころか、天皇家ともども日本民族は破滅し、日本は、米英中ソ等によって分割支配されることになったであろう。

戦後井上は、作家の阿川弘之《あがわひろゆき》、評論家の新名丈夫、海軍の後輩、教え子たちに、日米開戦にたいする海軍の責任者として、海軍大臣及川古志郎大将、嶋田繁太郎《しまだしげたろう》大将、軍令部総長永野修身《おさみ》大将の三人を、「三等大将・国賊」といいきって酷評してみせた。こういうことばが海軍出身者たちや一般の人びとに知られれば、逆に自分にも酷評がハネかえってくることを知っていたが、敢《あ》えてそうしたようである。

「サイレント・ネービー（沈黙の海軍）」とか、「敗軍の将、兵を語らず」ということは、海軍軍人の常識として美徳とされていた。しかし井上はその常識をやぶり、日本陸海軍の欠陥・罪悪を、自分の知るかぎり世にバクロした。それも、「陸軍第一・国家第二の幕府」とか、「一等大将・二等大将・三等大将」といった、誰もが「ハッ」として耳目をひかれるようなドぎつい文句をつかって、ぼろくそにこきおろしてみせたのである。

そうすることによって、できるだけ多くの人びとに、なぜ日本があのように狂った戦争をはじめたのかを知ってもらおうとしたのであり、またあのような戦争は二度と起こさないことを確認してもらおうとしたのであった。

ありえないことだろうが、かりに自分で物を書いたり、講演をしたりすれば、かなりの収入があったにちがいない。しかし一銭にもならず、人によってはつよい反感を持たれることを、元海軍大将の義務として、やったようである。

井上成美は、日本の海軍軍人のワクからはみだした、ラジカルなリベラリストで、また徹底した反戦論者であった。

ただ、いまはやりの「非武装降伏」主義者とは、根本的にちがっていた。戦争については、つぎのように明言している。

「軍隊は国の独立を保持するものであって、政策に使うのは邪道と見る。独立を保てぬときは戦争をやるが、政策の具に使ってはならない。政策に使われたとき、軍人は喜んで死ねるか。第一次大戦に駆逐艦を出したのは不可と思っていた。

三国同盟はもとより反対。

太平洋戦争の意義が気に入らない。これが心底に動いていた」

これは、昭和二十六年五月十日に、横須賀《よこすか》市長井町の井上家で、元海軍少将高木惣《そう》吉《きち》に語り、『高木海軍少将覚え書』(毎日新聞社)に書かれているものである。

また、昭和五十一年一月十六日号の『朝日ジャーナル』の「海軍の思い出」には、テープに録音した談話として、つぎのとおり書かれている。

「国の存立のためには立つ。国滅びるというのなら、国が独立を脅かされるときには、とにかく立つ。そのためには軍備というものが必要だ。国の生存を脅かされ、独立を脅かされる場合には立つ。そのかわりに、味方をつくっておかなけりゃいけない。自分じゃ勝てない。正々堂々の主張をするならば味方ができる、とわたしは考えています。弱い国家を侵略してそれを征服して自分のものにしようとする者は、必ずほかの国の批判にあって、みそかの晩の金勘定の清算をさせられる時期が来る、と思う。軍備というものは要《い》らないじゃないか、戦争しないのなら——そういう意味じゃないですね」

さらに、防衛弘済会『修親』に書かれている井上の談話はこうである。

「戦争というものはいいものでなく、私は、戦争は刑法でいう死刑と同じ必要悪だ、罪悪だと思います。人を殺したり、人の物を破壊したり、そんなことをするのは、交戦国の権利として認められてはいるが、国の行為としては、悪行為なのです。

しかし、国としては、生存ということを考えなくてはならない。だから、生存を維持するための、最後の手段として仕方がない。

だから、生存のため以外に国軍を使うことは、私は、イクスパンショニズム（expansionism　領土拡張主義）であり、ミリタリズム（militarism　軍国主義）であり、インペリアリズム（imperialism 帝国主義）であると思います。そんなことで、国民を殺すことは、その政府が悪い。私はそういう持論でした」

さいごにもうひとつ、戦後、昭和二十一年一月十七日、終戦時の海軍大臣官邸で開かれた旧海軍首脳部座談会の議事録（防衛庁戦史部所蔵『特別座談会記録』）にある井上の発言をつけ加える。

「国軍ノ本質ハ、国家ノ存亡ヲ擁護スルニアリ。他国ノ戦イニ馳《は》セ参ズルガ如《ごと》キハ、ソノ本質ニ違反ス。前〔第一次大戦〕ニ日本ガ参戦セルモ邪道ナリ。

海軍ガ同盟〔筆者註・日独伊三国同盟〕ニ反対セル主タル理由ハ、コノ国軍ノ本質トイウ根本観念ニ発スル、イワユル自動的参戦ノ問題ナリ。タトエ締盟国ガ、他ヨリ攻撃セラレタル場合ニ於《お》テモ、自動参戦ハ絶対ニ不賛成ニシテ、コノ説ハ最後マデ堅持シテ譲ラザリキ。

最高会議デ幾回モ、クリ返シテ追イツメラレタガ、海軍ガ最後マデ譲ラナカッタノハ、自動的参戦ハイヤダトイウ一点ニアリキ」

いま日本では、「軍拡」とか「反戦」「反核」などの論争が渦を巻いている。このようなときに、井上成美の、あの時代では一般世論とはまったく反対だった、ラジカルで、しかも先見性のあった思想と行動を、見なおす理由があると思う。

提督 井上成美——目次

提督 井上成美

海軍の沈黙美をくつがえした男

苦難の一生と井上家の人びと

昭和四十五年五月九日、土曜日、私は、海上自衛隊の展示訓練を見るために、早起きして横須賀基地に出かけた。行ってみると、海上にガスが発生していて、護衛艦の展示訓練ができないという。

「これぐらいの天候で海上訓練を見せられないとは、海上自衛隊も情ない」

私は不平をいいながら、帰りかけた。そこへ、兵学校同期の高田静男が、

「おい、おれの車で、貴様の家まで送ってやるよ」

と声をかけてきた。

高田が運転する車が走り出してしばらく行ったとき、彼がいった。

「なあ、これから井上校長の家に行ってみないか」

「ことわりなしで大丈夫かなあ」

「行ってみて、校長のつごうがわるければ、玄関で挨拶《あいさつ》するだけでもいいじゃないか」

「そうか、じゃあ行ってみるか」

車は、まわれ右をして、三浦半島西海岸の長井町荒崎に向かった。

手みやげはなしにした。そういうことをすると、追い返されかねないオヤジだからだ。

私は、それまでに二度井上家を訪問していたので、井上は覚えていてくれるだろうと思っていた。高田も以前、一度井上家を訪問したことがあるという。ただ、だいぶ前のことなので、

「覚えてないだろうなあ」

といった。


井上家は、相模《さがみ》湾を見おろす緑の丘の上に建つ赤い屋根の鉄筋コンクリート平屋の洋館で、古びて質素だが、堅牢《けんろう》そうな家屋であった。家の南側には自然の草木に囲まれたやや広い芝生の裏庭があり、その先は断崖《だんがい》になっている。さらにその向こうの左

手には、多数のヨットが走る油壺《あぶらつぼ》の青い海が見える。

私が最初に井上家に行ったのは、昭和四十二年十月二十九日の日曜日で、兵学校第七十三期の深田秀明、岩田友男、私の同期（七十四期）の大里英明、第七十五期の篠田英之介、小屋公夫に同行したものであった。

その前日にはプロ野球日本シリーズで巨人が阪急を破り、三年連続の選手権を獲得した。二日後の三十一日には、二十日に死去した吉田茂《しげる》元首相の戦後初の国葬が武道館で行なわれた、というころである。

そのとき井上に聞いた話では、その家は、井上が戦艦比叡《ひえい》艦長時代の昭和九年六月に完成したものだということだった。

噂《うわさ》では、肺結核を病む妻の喜久代のために、この空気のいい風光明媚《めいび》な土地をえらび、家を建てようとしたといわれていた。

しかし喜久代は、そのまえに病状が悪化し、昭和七年十一月一日、鎌倉《かまくら》町小町の自宅で、井上と、十三歳の一人娘靚子《しずこ》をのこして死んだ。井上が海軍大佐になって満三年になろうというときの、厄年の四十二歳で、喜久代が三十六歳だった。

この喜久代について、元海軍少将・兵学校第四十七期の横山一郎は、こういっている。

「戦前、八雲恵美子という着物が似合う日本風の美人女優がいたが、井上さんの奥さんは、その女優によく似ていた。

井上さんがあの奥さんを亡くしてから二十年以上も独身でいたというのは、娘さんへの心づかいもあったろうが、奥さんの思い出がつよく、ほかの女性では食指がうごかなかったんじゃなかろうか」

喜久代は、諺《ことわざ》どおり、美人薄命で、そのために井上のストイックな性格が、影を帯びてひとしおきびしくなったようである。

喜久代は死んだが、井上は予定どおり、その丘に、赤い屋根と白い壁の、見るからに女性が喜びそうな家を建てた。そして、喜久代の遺影を居間に飾った。

しかし私は、この家について、もうひとつ、意外なことを聞いていた。この地形では、台風のときなど、海側からの風当たりがひどかろうと思い、そのことを井上に聞いてみたのである。ところが、井上は言下にこういった。

「海からの風は断崖に吹き当たり、まっすぐ上に吹き上がり、それが壁となって上空の横風をさえぎるのでこの家はちょうど真空地帯のようになって、風はあまり吹き当たらないんだよ」

井上が数学や物理学にかけては天才的だと聞かされていたが、家を建てるときでも、すべての条件を克明に調べつくしているのだなと、その周到さに感心したのである。

丘の細道にかかる手前で、高田と私は車を降り、かなり長いだらだら坂をのぼり、畑の間を通って、海の反対側から井上家に行った。あたりには、ぽつんぽつんと、樹木に囲まれた農家や別荘風の家があるぐらいで、海岸の漁業町からも二十分以上かかり、どちらかというと、自然の環境はいいが、不便なところであった。

午前十一時をすこし過ぎたころ、玄関に立った私が、大きな声で声をかけると、ひっつめ髪で、着物に前掛けの無雑作な姿のおばさんが出てきた。井上の後妻の富士子で、井上より十歳年下だから、七十歳になるはずであった。

「しばらくでございます。七十四期の生出と高田です。じつは今日、自衛隊の展示訓練を見るために横須賀まで来たのですが、校長に挨拶だけでもと思ってまいりました」

「まあまあよくいらっしゃいました。ちょっと待ってくださいね」

彼女は中にひっこんで、

「あなた、七十四期の生出さんと高田さんが見えましたよ」

と、こちらにつつぬけの大きな声で井上に知らせた。すると、

「なに、生出と高田、高田は高田静男か」

という、これもまたつつぬけの、井上の大きな声がした。

高田は、井上が自分を覚えていてくれたということで、感動したようだった。開襟《かいきん》シャツの上に褐色のカーディガンを着て出てきた井上に、われわれ二人は、だしぬけの訪問の理由を述べた。すると、

「さあ上がりなさい。だけどね、人の家に来るときは、前もって知らせてくれなければだめだよ」

と、クギをさすようにいわれた。それにたいして富士子が、

「たまにはこういうこともあっていいじゃありませんか」

と、にこにこしながらいうと、井上は、それ以上なにもいわず、われわれを客間に招じ入れてくれた。

昭和二十八年六月十六日、井上は吐血して倒れ、横須賀市立病院の長井分院で、胃《い》潰瘍《かいよう》の手術をうけた。六十三歳のときである。

そのころの井上は、いっしょに住んでいた一人娘の靚子《しずこ》にも五年前に死なれ、その息子で井上の孫の研一は親戚《しんせき》にひきとってもらっていたので、老人のひとりぐらしで

あった。

それに、近所の子どもや料亭のメイドたち相手のささやかな英語塾での収入では、文字どおり糊口《ここう》をしのぐだけしかない窮乏ぶりで、輸血や手術の費用もまるっきりなかった。

それを助けたのは、主に兵学校の後輩と教え子たちであった。

手術に立ち会ったのは兵学校第五十二期の元海軍大佐で、井上が兵学校長のときの企画課長の小田切政徳と、かつては横須賀の有名な海軍料亭で、いまは井上に、メイドたちに英語を教えてもらっている「小松」の女将《おかみ》の山本直枝と、もうひとり、誰も知らないおばさん風の婦人であった。

この婦人が富士子であり、彼女は、昭和二十六年十二月十日付の『東京タイムズ』の「ギター弾く老提督沈黙を破る」という一面トップ記事を読んで井上に感動し、井上家の隣りの別荘を借りて住み、ごちそうをつくってとどけたり、なにかと井上の世話をするようになったという。

吐血直後、駆けつけた近所の人に、井上は、「隣りの奥さんをよんできてください」と、紙に書いてわたした。

富士子は医師の娘で、吐血の応急処置もでき、医師への連絡も早かった。彼女はやはりひとりぐらしの未亡人であった。

井上の手術はうまくいき、経過もよかった。退院すると井上は親戚への手紙に、

「この人がいなかったら自分は死んでいただろう」

と、富士子のことを書いた。

昭和二十八年秋、井上は、富士子と二人で東京に出て、さいしょに出会った神様の稲荷《いなり》大明神の前で、結婚の誓いをたてた。それが結婚式であった。

昭和二十三年十月に、母とおなじ肺結核で死んだ井上の娘の靚子も薄倖《はっこう》であった。彼女は昭和十四年十月に丸田吉人海軍軍医大尉と結婚し、翌年十二月に研一を生んだ。ところが、昭和十九年十月二十七日、重巡鳥海軍医長の丸田軍医少佐はフィリピン沖海戦で戦死し、靚子は三歳の研一をかかえる二十五歳の未亡人となった。

終戦直後、靚子母子は長井の井上家に移り住むようになったが、悲しみや苦労の重なりから、靚子の肺結核は急に悪くなり、ついに死んだのであった。

一人息子の研一は、そのとき七歳で、小学校二年生であったが、井上には孫を養育するだけの経済力もなく、研一は亡父の妹弟たちに養育してもらうことになって、井上家を去ったのである。

井上は大将にまでなったが、その間の仕事はたいてい精魂が尽きるほど困難で、家庭も不幸の連続であった。

井上がまがりなりにも精神の安定をえられるようになったのは、富士子と再婚してからではなかったろうか。ちょうどその年の昭和二十八年から、戦後はじめて軍人恩給が支給されるようにもなったのである。

煖炉《だんろ》のある客間からは、南側のガラス戸越しに海の上辺が見える。カーペットを敷いた室内には、八人ぐらいが囲んで座れる長方形のテーブルが置かれ、井上とわれわれ二人は、ざぶとんにあぐらをかいて対座した。

井上の健康状態はよかった。耳が遠くなっているので補聴器をつけているが、頭も話し方も明瞭《めいりょう》であった。

日課を聞くと、夜は八時に寝て、朝は八時まで十二時間たっぷり眠り、昼は晴耕雨読だという。

読書はほとんど英語の原書が多いらしい。われわれには話さなかったが、聖書は何百回となく読みかえされ、赤線青線、赤丸青丸が至るところにつけられ、英文文字の書きこみも数百ヵ所あることが、井上の死後に発見されたようだ。井上は自分で「クリスチャンではない」と、兵学校第三十七期会に手紙を書いている。しかし、キリスト教的な考えをつよく持っていたものと思われる。

苦難の人生の中での精神的なよりどころを求める井上の性格には、東洋の仏教や儒教より、西洋のキリスト教の方が合ったのかもしれない。というより、キリストの生き方に、ひそかに共感するようになったのかもしれない。

ちょっと奇妙な話がある。

高田静男が、このときから四年後の昭和四十九年ごろ一人で井上家を訪問したときのことである。

井上は老衰して寝ていた。高田はその枕許《まくらもと》に座り、井上の顔をのぞきこんだところ、井上の瞳がグレイであることに気づいて、「おや」と思った。老衰のためとは見えず、高田は、〈井上さんには西洋人の血がまじっているのかな〉と思ったというのである。

昭和五十八年十一月二十五日の夜、私は、兵学校第七十五期で元ＮＨＫアナウンサーの篠田英之介に、渋谷のネイヴィクラブで会ったとき、このことを聞いてみた。

すると、井上と三回会って、長時間話をしている彼も、

「僕もそう思いましたね。井上さんは、瞳がグレイばかりか、風貌も物の考え方も日

本人ばなれしていて西洋的でしょう。ひょっとすると、北欧人の血でもまじっているんじゃないでしょうかね」

というのであった。

これは、井上家の血統を、昔まで辿って調べてみないことには、真偽のほどは不明だし、そんなことはないような気がするが、それはそれとして、たしかに井上には、ラジカルなリベラリズムがあるし、また論理学のかたまりみたいなところがあり、きわめて西洋的と思われるのである。

晴耕というのは、海と反対側の敷地にある家庭農園の仕事と庭の手入れである。健康法として、朝晩西式体操をやり、コンフリを毎日サラダにして食べているが、ききめがあるということだった。

タバコと酒はやらないという。

富士子は、無断で押しかけてきたわれわれ二人のために、近くの海岸の岩場で採れる「ハバ」という海草の乾燥したものと、ツブ貝に似た小貝の醤油味で茹《ゆ》でたのや、さやえんどうの茹でたのなどを出してくれた。ビールかワインを出してもらったような気がするが、はっきり覚えていない。

ハバというのは、浅草のりとわかめの中間のようなもので緑色をしているが、乾燥すると茶色になる。

井上はいった。

「火にあぶってね、ごはんにふりかけて食べると、ちょっと食べられるよ。ちょっとつまんでみないか」

口に入れてみると、なるほど潮の香りが鼻をついて、オツなものだ。

「これはうまい」

といったら、

「それじゃあ、帰るときに、少しずつだがね、持って帰ってくれ」

と、井上がいった。

それに富士子がつけくわえた。

「よかったら、さやえんどうも持ってらっしゃい」

われわれは、喜んでもって帰ることにした。

この日、三時間ばかり、われわれは井上からいろいろなことを聞いた。

終戦まぎわのこと、天皇のこと、自衛隊のことなどである。それらについては、のちに、追い追い述べることにしたい。

ここでは、井上がとくに強調していたことだけを書いておきたい。

「どうしてああいう戦争をはじめるようになったのか、それを君たちによく研究してもらいたい。今後は、ああいうまちがった戦争は決して起こさないということを、みんながはっきり認識すべきだよ。

水交会誌も、いろいろな提督の回想録も、いいことばかり書いていて、悪かったという反省がほとんどないから、私はダメだといっているんだ」

帰りがけ、玄関で辞去しようとしたが、夫婦そろってサンダルをつっかけて、表の庭木戸のところまで送ってくれた。高田が、

「おそろいのところをスナップしましょう」

というと、富士子が、

「こんな恰好《かっこう》じゃはずかしいですよ。着物を着換えて撮っていただきましょうか、告別式のために」

といった。井上はだまってにこにこしていた。

「今日はそのままでよろしいでしょう。これからもまた参りますから」

高田はそういって、草木に囲まれた赤い屋根の家を背景にして、前庭に並んで立った老夫婦に向かって、シャッターを何回か切った。

安心して死なせてくれ

井上成美《しげよし》伝記刊行会『井上成美』のなかに「井上と海上自衛隊幹部学校長との座談記録」というのがある。井上と、初代幹部学校長中山定義（兵学校第五十四期）と、当時の同校長石塚栄（兵学校第六十三期）の座談で、昭和四十五年十月二十日、井上家で行なわれたものである。

その一節に、「悪いことをやったという、その反省」というくだりがある。そこで井上はつぎのように発言している。

「私は、なぜこんなばかな戦争をやったか、ということを反省すべきなんだと思います。この戦争は、しくじったとか何とかいう簡単な問題じゃないよ。単に作戦の失敗だけじゃないんだ。

悪いことをやったという、その反省の意味から、あなたの学校の高級の学生にテーマを与えて、なぜこうなったかということをみんなで調査して、みんなで寄り集まってディスカッションをやったらどうか。

（中略）どうして日本が、こんなばかな戦争を、ばかどころではない、ことばで尽くせないこの罪悪を犯すようになったかということについて、ほんとうのことを調べようじゃないですか。（中略）十八人ぐらいで分担して、ものを調べて、そしてそれができ上がったら、一ヵ月なり二ヵ月なりそれをディスカスする。これは非常にためになると思いますね。みんな同じものじゃいけません。分担をして、むずかしいものは二人一緒にする。（中略）それをみんなで研究する。これを一年間やる。

高級の方の学生は、将来将官級になられて、こういうむずかしい問題に直面する人ですよ。国家の独立をあやうくするか、それとも繁栄させるかという、そういう議に参与する人ですよ。そういう人たちだから、そういう方面の訓練をされたらいいんじゃないかと思います。

それをおやりになるなら、私としては安心して死んで行けます。二度とこんなばかなことをしないように、ということならね。

ほんとうをいうと、昔はこういう研究のチャンスがなかったんだもの。実にひどいですよ。私はくやしくてしょうがない」

ばかな戦争を二度と起こさない方法をみんなが確認してくれるなら、自分は安心して死んで行けるというのだから、これは井上の生涯の悲願というものであろう。

太平洋戦争の罪悪についての井上の考えは、つぎのように簡単明瞭である。これも、このときの発言である。

「(前略)日本の何百万人というものが戦死し、そのほかでも負傷した者もおるだろうし、それから広島、長崎のごとく、原爆のためにいまだに苦しんでおる人が何人おるか」

井上の神経は、たとえば医者が彼の腹に手を触れるまえからピリピリふるえるほど敏感らしく、それが人の死や災厄にかかわると、まるで自分の身が切られるように心を痛める人間のようである。

前記篠田英之介の『篠田英之介詩集』(宝文館出版)の中に、「ギター弾く老提督」という詩がある。そのなかから、戦争に関する井上の発言をひろってみる。これは、昭和四十五年三月の彼岸すぎ、兵学校第七十五期の篠田、篠原宏《しのはらひろし》、井手口道男、古谷寛が井上家を訪ねたときに、井上から聞いたものという。

——日本の海軍は　明治このかたイギリスに範を取り
広く豊かな徳性と　精神のフレキシビリティを備えた
精神貴族としての　海軍士官を養成しました
海軍教育の眼目は「海洋《うみ》の紳士」を涵養《かんよう》するところにあって
夜郎自大の戦争屋をつくり出すものではありませんでした

——昭和十七年秋　ミッドウェー海戦で大敗を喫し
太平洋南東部のソロモンやガダルカナルで
激しい消耗戦が繰りひろげられていた頃《ころ》
江田島に赴任した私にとって
二十歳《はたち》に満たない将校生徒を短期間のうちに育てて
苛烈《かれつ》な戦場へ送り出さねばならないと考えたとき
校内の校長官舎の中でそれこそ夜も寝られない
針の筵《むしろ》に坐らされたような毎日でありました

——この子らには親もあるだろう　兄弟もあるだろう……

戦争とは　いったい何なのか
普段は　栗鼠《りす》のように賢く
羊のようにおとなしい若者たちが
飛行機や軍艦《いくさぶね》に乗り込むと
なぜ歯がみをし　眼《めむ》を剥くのか
筋の通らぬ戦争で
愛する国の宝に
死ねと命ずる教育を押しつけることは私にはできませんでした

――近代の戦争は　国力と国力の戦いです
いまでは誰もがそう思っているような　ごくあたり前のことを
当時は一般国民をもふくめて
ほんの一部の人々しか認識していなかったのです
また認識していても　あえて言おうとしなかったのです
そうして国を挙げて　ワッショイワッショイの渦の中に
巻き込まれて行ったのです

昭和十六年あたりに一線を引いて　戦争の原因を探るのは
まことに以《もっ》てナンセンスな話で
それよりさらに四半世紀以前の
対支二十一ケ条まで遡《さかのぼ》らなければ
今度の戦争の真の原因を摑《つか》みとることはできないでしょう

——（中略）あえて云《い》うならば
海軍を滅ぼしたのは
海軍自身であり
日本《にっぽん》を滅したのも
日本人自身であったのかも知れません
戦争は絶対にいけません
それは一時一国の勝ち敗けだけではなく
人類そのものを根絶やしにしてしまうからです——

この詩だけからすると、井上の発言は、かなり美的・文弱的で、現実性がうすい気がする。とくに最後の節では、戦争を防止する方法が示されていないので、言葉だけの感がする。しかし、示唆は多く、考えさせられるものにはちがいない。

昭和四十四年から四十五年にかけて井上は、最後の力をふりしぼるようにして、戦争に関して知るかぎりのインテリジェンスを、各方面にさらけ出した。これは、生来の性格もあろうが、ばかな戦争防止への、なりふりかまわぬ老骨の一念というものかもしれない。

死の五年、六年まえのことである。

その中には、いい過ぎや偏見や老人にありがちなくどさもあるようだ。しかしわれわれは、それはそれとして、見直すものは見直す必要があるのではないかと思うのである。

井上のことばにしたがい、まず、対支二十一ヵ条まで遡《さかのぼ》ってみることにしたい。

大正三年七月、ヨーロッパから第一次世界大戦が起こった。ドイツ・オーストリア・トルコ・ブルガリア対イギリス・フランス・日本・イタリア・アメリカ・中国などの戦争である。

日本は日英同盟を利用して、しめたとばかりに同年八月二十三日、ドイツに宣戦布告、陸海軍を中国山東半島の青島《チンタオ》に送ってドイツ軍を破った。またドイツ領南洋諸島のサイパン、トラック、ヤップ、パラオ、ポナペ、ヤルートなどの各島をことごとく占領した。さらには、艦隊をインド洋から遠くは地中海まで派遣して、連合軍の輸送を援護して、めざましい働きをみせた。（しかし井上は、まえがきに書いたように、この日本の参戦は政略によるもので、不可としている）

ところが日本は、このときさらに中国内に確固とした地位を築こう、平たくいえば、中国を食いものにしようというういわゆる帝国主義的政策で、大正四年一月、中国代表の袁世凱《えんせいがい》に、つぎのような五号二十一ヵ条の要求書をつきつけた。


第一号は、山東省内の旧ドイツ利権を日本が継承する、その他四ヵ条。

第二号は、旅順・大連《だいれん》の租借期限と満鉄・安奉線の期限の九十九ヵ年への延長。満《まん》蒙《もう》地域の事実上の日本領土化などの六ヵ条。

第三号は、漢冶萍《かんやひょうこんす》公司の日中合弁。

第四号は、中国沿岸および島嶼《とうしょ》の不割譲。

第五号は、中国政府の政治・財政・軍事に日本人顧問の採用。中国警察の日中合同。中国軍兵器の半数以上を日本が供給するかまたは日中合弁兵器廠《へいきしょう》の設立。その他港湾鉄道利権などの七ヵ条。

この要求を作成したのは、対中国強硬派代表の加藤高明外相で、これに、大隈重信《おおくましげのぶ》首相ほか各大臣も同意した。

対支二十一ヵ条の要求書を手交された袁世凱は憤激し、中国世論は条約反対で沸騰した。

しかし日本は、三月には中国各地の日本軍を増強して袁政権を威圧し、五月には最後通牒《つうちょう》をつきつけて承諾をせまり、同月二十五日には、諸条約交換公文に、ウムをいわせず調印させた。

ところが中国民衆は、成立した日支条約二十一ヵ条を国辱条約として、抗日侮日の民族運動を展開しはじめた。それは燎原《りょうげん》の火となり、三十年後に日本が太平洋戦争で連合軍に無条件降伏するまでつづいたのである。

考えてみると日本は、おなじ東洋民族の中国と協力して、英独仏その他の白人諸国のアジア侵略を排除して、相互の利益をはかるのがほんとうであったろう。ところが反対に、白人諸国にばかり甘い汁を吸わせてはいられないと、中国を食いものにしようとしたのであった。

これが、井上が『朝日ジャーナル』に語った、

「弱い国家を侵略してそれを征服して自分のものにしようとする者は、必ずほかの国の批判にあって、みそかの晩の金勘定の清算をさせられる時期が来る、と思う」

というもののはじめであった。

しかし、そんな先のことなど考えない当時の日本は、武力をバックにして強奪した対支二十一ヵ条の権益に味をしめ、中国その他への侵略行為をエスカレートさせていく。

松下芳男は大正二年に陸軍士官学校を卒業（第二十五期。兵学校の山口多聞《たもん》、大西瀧治郎《たきじろう》ら第四十期に当たる）し、大正九年歩兵中尉のとき退職、大正十三年日本大学法学部を卒業、日大講師、工学院大学教授をつとめた。

彼は、シベリア出兵について、『日本軍閥の興亡』（芙蓉《ふよう》書房）で、つぎのように書いている。

――大正七年八月、日本は米国の慫慂《しょうよう》によってシベリアに出兵し、ついで独自の対外政策に基づいて、十一年まで、四カ年にわたって、大兵をシベリアの広野にさらしたのであるが、戦費九億円、軍司令官を替えること三回、師団の派遣数は前後十個師団、その間に出兵目的を変更すること三回、作戦的には失敗をもってし、尼港虐殺事

件、田中大隊全滅、石川大隊全滅の悲惨事を合わせて、三千五百名の人命を犠牲にしたが、それでいったい何を得たのか。

陸軍を中心とする大陸政策論者の考えていたシベリア政策は、つぎの三つであったという。

第一は、シベリアの全面的な軍事占領による支配権の確立であり、

第二は、シナ政府の出兵要請という形式を借り、北満州に部分的出兵を行ない、北満州と東支鉄道の支配権を掌握することであり、

第三は、東部シベリアに反ボルシェビキ政権を樹立し、これを対ソ緩衝国とし、この政権を傀儡《かいらい》化して、間接的に東部シベリアの支配権を握ろうとするものであった。

この大陸政策は、必然的想定敵国と見られるロシアに対する国策的、戦略的の意味において理解さるべきものではあるが、しかしそれは策に過ぎるものであって、帝国主義的色彩が濃厚であるという非難には、弁明の余地が少ないものであるし、また当時のソ連の国情においては、火事泥、もしくは空巣《あきす》狙《ねら》いの誹《そし》りも甘受しなければなるまい。国際正義の上から、断じて是認されえないと信ずる。

こうしてこの秘策を秘めつつ、主として第一の政策を行なったが、その政策上、戦略上の企図は全く水泡に帰したのみならず、機密費の横領、金塊の分捕《ぶんどり》事件というお

まけまでついたのである。思えばこの出兵は、全く無名、無意義、無収穫の失敗であって、光栄の陸軍史に泥を塗ったものであった。

（中略）さてシベリア出兵を決定した内閣は、寺内正毅《まさたけ》を首相とし、閣僚は外務大臣後藤新平、内務大臣水野錬太郎、大蔵大臣勝田主計、陸軍大臣大島健一、海軍大臣加藤友三郎、司法大臣松室致、文部大臣岡田良平、農商務大臣仲小路廉、逓信大臣田健治郎という顔ぶれであった。シベリア出兵の決定は、陸軍の主張がどうであろうとも、憲政的にはこの寺内内閣の責任である。国民はよくこれを記憶しなければならない。

（中略）シベリア出兵は、要するに軍閥が、政治家および世論に反して、帝国主義的政策を強行した、いわゆる二重外交の事実を如実に示したものであった。このとき参謀次長田中義一《ぎいち》（筆者註・のちに陸軍大臣、首相）の暗躍は、往年の増師問題のときのようにすさまじいものであって、大阪朝日新聞のごときは、

「日本に内閣あるか？　外務省あるか？　一国の対外関係はどこから指導され、だれに蹂躙《じゅうりん》されつつあるか？

ロシアに対しても、中国に対しても、外務省は全く軍人に蹂躙されていないか？内々不平であっても、表面に何もいうことができない。そうして国家をみすみす深淵《しんえん》に陥れつつあるのではないか？

寺内首相は非常なケンマクで政権を握ったが、国家の中枢は、チョコ才な参謀次長にあるか?」

と痛罵《つうば》したほどであった。

(中略)シベリア出兵には何が残ったか。国民の軍閥に対する憎悪と、シベリア人民の日本軍に対する怨嗟《えんさ》だけであった――

井上成美は、まえがきに書いたとおり、

「軍隊は国の独立を保持するものであって、政策に使うのは邪道と見る。(中略)政策に使われたとき、軍人は喜んで死ねるか」

という説だが、シベリア出兵は井上のいう「邪道」の典型的なサンプルである。

ついでに、松下は対支二十一ヵ条をどう見るかをつけくわえておく。

――翌四年(筆者註・大正)五月二十五日、対二十一カ条の要求を、袁世凱政府に承認させたが、これは中華民国の国民から、強い怨みを買った条約であって、日本外交上の大失策の一つであった。爾来《じらい》長く日支諸般の親善関係に、深い影響を及ぼしたのである――

一等大将加藤友三郎の対米不戦論

井上成美《しげよし》は明治二十二年（一八八九）十二月九日、仙台市の中農の家に生まれた。父嘉矩《よしのり》は元幕府の直参《じきさん》、母もとは伊達《だて》一門石川義光の娘で、後妻であった。兄妹は、病死した先妻の子が四人、もとの子が九人で、成美はその十三人中の十一番目であった。

成美という名は、嘉矩が『論語』のなかから取った。

子曰《いわ》く、君子は人の美を成す、人の悪を成さず。小人はこれに反す。

君子は、他人の善行についてはそれが成就するように援助するが、非行についてては援助しない。小人はこの逆である（『論語』〈顔淵《がんえん》〉徳間書店版）。

敷衍《ふえん》すると、りっぱな人間はよいことを行ない、世の中や他人のために役立つということである。

私の同期の上原憲一が、昭和四十三年八月に井上家を訪問したときに、成美という名の意味をたずねたところ、井上は右のようにこたえ、それにくわえて、

「私は成美という名前に誇りを持っています」

といったという。

成美は、明治三十五年四月に県立第一中学校（後、県立仙台第一高等学校）分校に入学した。この分校は、成美が四年生になるときに県立第二中学校（後、県立仙台第二高等学校）として独立した。

成美は、同中学校でクラス一の優等生であった。とくに数学の成績が優秀であった。ただし、運動、いまでいう体育は劣った。性質は、四年終了時の学籍簿によると「鋭敏ニシテ深重《しんじゆう》」だが、「父兄ノ認メタル性行　短気」となっている。備考には「精励」と書かれている。操行は「謹直」、嗜好《しこう》は「音楽と細工」とある。

海軍兵学校志望の動機については、昭和四十三年九月二十九日、日曜日、私の同期の海老根保久、松井元一、鈴木達夫、菱谷政種と私の五人で井上家を訪問したときに、聞かせてもらった。私はそれを、海軍兵学校第七十四期会会報『江鷹』昭和四十三年十二月号に書いた。

――仙台の中学校三年生のとき、校長は、

「成《しげ》、ちょっと来い」

と父に呼ばれた。

家計が苦しくなってきたので、お前は気の毒だが、兄たちのように高等学校（旧制）にやるわけにはゆかないという話だった。

うすうす感じていたことでもあったが、自分の気持も決まっていたので、

「私は海軍兵学校に入ります。ただ、四年生、五年生の本だけは買ってください。今から自分で勉強をはじめます」

と答えた。

兵学校を選んだわけは、

「短剣を下げて、恰好《かっこう》がいいからですよ。先輩が休暇に来て見せつけましたし……」

ということだ――

井上は、明治三十九年（一九〇六）十一月二十四日、中学五年生から海軍兵学校に第三十七期生徒として入校した。前年には、連合艦隊が日本海海戦でロシアのバルチック艦隊に大勝して日本の勝利を決定づけていたので、海軍兵学校の入試は例年になく難しかったが、井上は百八十一名中の九番で合格した。

このクラスには、のちの海軍中将草鹿《くさか》任一《じんいち》、大河内伝七《おおこうちでんしち》、小沢治三郎、桑原虎雄らがいる。

時の兵学校長は、東郷平八郎司令長官の連合艦隊初代参謀長、日本海海戦での第二艦隊第二戦隊司令官島村速雄《はやお》少将（第七期、のちに元帥《げんすい》）、武官教官の多くは日露戦争の勇士であった。そのために、スパルタ教育の兵学校の訓育はひとしお猛烈となり、鉄拳《てっけん》制裁もさかんに行なわれた。

しかし、厳しいばかりではなかった。日曜日や祝祭日には、江田島の島内かぎりではあるが、生徒は外出を許された。教官を官舎に訪問したり、古鷹山《ふるたかやま》に登ったり、倶楽部《クラブ》へ行って羽根をばしたりした。倶楽部とは、兵学校指定の民家の座敷である。そこでは同期の者ばかりで、家人に迷惑をかけないかぎり、何をしてもよかった。軍装を脱いで浴衣に着換え、羊羹《ようかん》やネーブルを食い、すき焼をつつき、詩吟や民謡を歌った。

三号（第一学年）時代は、どなられ、殴られ、しごかれの毎日で苦しいが、二号（第二学年）になると、生活に慣れ、あまり締められなくなり、楽になる。それが一号（第三学年、最上級生）になると、訓練は変わりなく猛烈だが、下級生をどなり、殴り、しごく側になり、こんないい身分はないと思うようになる。

一号になった井上は、クラスの二番で、第二分隊伍長《ごちょう》（一号の先任で分隊員指導の責任者）であったが、校内の八方園神社などで、一号たちが第三十九期の三号にたいして総員修正（鉄拳で横面を殴る）を加える場合には、ほかの一号といっしょに三号を殴ったものである。

休日に倶楽部に行ったときには、井上は同分隊の一号桑折《こおり》英三郎（のち中将）のハーモニカに合わせてアコーディオンを弾いたり、「埴生《はにゅう》の宿」「ローレライ」「ダニューブの漣《さざなみ》」「故郷の廃家」などを歌ったという。

第三十七期百七十九名は、明治四十二年（一九〇九）十一月十九日に兵学校を卒業、海軍少尉候補生として、江田内（入江）から、練習艦隊による近海航海の途についた。井上の卒業時の成績はやはり二番で、恩賜《おんし》の双眼鏡を授与された。クラスヘッド（首席）は小林万一郎であったが、彼は大正十一年に少佐で病死した。

戦後の昭和四十一年十一月二十一日、第三十七期の入校六十周年記念と、亡き級友の慰霊をかねたクラス会が東郷神社で行なわれた。井上は、このときにクラス代表として起草した祭詞のなかで、兵学校生活について、つぎのように書いている。

もら

——入校一カ月、年末休暇はありましたが新入生たる私共は、帰郷は許されませんでした。その代償として、二河川丸で約一週間瀬戸内の巡航をさせて貰《もら》ったことは、今日の言葉で申せば、特別仕立ての観光船での観光旅行であった次第で、「海軍はないんと私共を大事にする所だろう」と感じたのは井上一人ではなかったと思います。

それからの三年間の江田島生活、多少荒っぽい行きすぎ（之《これ》は代々の一号が勝手につくる新憲法が矢たらに次々と出来た結果である）もありますが、その動機は「立派なあとつぎを造る」との純真さと責任感過剰の致すところで全く他意なしと見るべきで、全体観として見ると兵学校の教育は何となく貴族的な香りがあったと思います。

井上個人、二カ年弱の校長の体験でも、海軍組織全体が兵学校の要求と言えば、大抵の事は二つ返事でやって呉《く》れた、と思います。即《すなわ》ち海軍全体が兵学校の生徒を大事にして呉れていると感じました。

要約すれば兵学校生徒の生活には、リズムがあり、調和があり、詩もあり、夢もある生活だったと思います――（傍点原文）

第三十七期の候補生らは、練習艦隊の一等巡洋艦阿蘇《あそ》と二等巡洋艦宗谷《そうや》に分乗し、四十日間の近海航海、ついで百五十三日間のオーストラリア方面への遠洋航海へ出かけた。井上は宗谷 乗組の先任候補生であった。

練習艦隊司令官は、日本海海戦のときに連合艦隊旗艦三笠《みかさ》の艦長だった伊地知《いじち》彦次郎少将（第七期、のちに中将）で、阿蘇艦長は佐藤鉄太郎大佐（第十四期、のちに中将）、宗谷艦長は鈴木貫太郎大佐（第十四期、のちに大将）であった。

宗谷には、候補生指導官として第一分隊長高野五十六《いそろく》大尉（第三十二期、のちの山本元帥）、指導官付として古賀峯一《みねいち》中尉（第三十四期、のちに元帥）らがいた。

艦長の鈴木は、日清戦争のときは水雷艇長として、威海衛《いかいえい》港の夜襲を強行して「鬼貫太郎」と謳《うた》われ、日露戦争の日本海海戦では駆逐隊司令として、バルチック艦隊を白昼襲撃して勇名を轟《とどろ》かせた。のちに、総理大臣として、太平洋戦争を終戦に導く。

鈴木は、「議論よりも実践を先にせよ」という方針で候補生を指導し、座学よりも実務に力を入れた。

遠洋航海中に行なわれた教科目試験のあと、成績を決める会議があった。そこで司令官の伊地知は、

「宗谷の成績は悪い」

といった。鈴木が、

「実務成績はどうですか」

と反論すると、伊地知は、

そこで候補生の成績は、実務も加味して決めることになった。

成績会議のあと、鈴木は宗谷の候補生たちを集めて、こういった。

「今日、会議の席上で、宗谷の候補生は成績が悪い、と伊地知司令官に言われた。だが、教育の成果というものは、短日月の間に表われるものではない。吾々《われわれ》はそんな教育はしなかった。私は司令官に、十年、二十年ののちを御覧願いたい、ということを申し上げてきた。だから、私たちの教育の良し悪しは、お前等のこれから先の実績によって評価されることになったわけである。すべては、そのときになって証明されるだろう。一所懸命にやれ」(『鈴木貫太郎自伝』)

伊地知は、オーストラリア沿岸の航海中にも、

「宗谷の候補生の精神教育はなっていない」

と、鈴木を叱責《しっせき》した。鈴木はまた候補生たちを集めて、いった。

「誠に心外の至りである。果たして宗谷の候補生の精神教育はなっていないか。また精神教育というものは、半年や一年でその効果を奏するものであろうか。十年ののち、二十年ののち、宗谷の候補生諸君!」

と涙を流して語り、候補生たちも悔し涙に目を光らせたのであった（木幡《こばた》行《つよし》、第三十七期会会誌『海軍生活の思い出』）。

鈴木は、この遠洋航海中のある日、精神修養の指針として、候補生たちに「奉公十則」というものを示していた。

一、窮達を以《もっ》て節を更《つぐな》ふべからず
一、常に徳を修め智《ち》を磨き日常の事を学問と心得よ
一、公正無私を旨とし名利の心を脱却すべし
一、共同和諧《わかい》を旨とし常に愛敬の念を有すべし
一、言行一致を旨とし議論より実践を先にすべし
一、常に身体を健全に保つ事に注意すべし
一、法令を明知し誠実に之を守るべし、自己の職分は厳に之を守り他人の職分は之を尊重すべし
一、自己の力を知れ驕慢《きょうまん》なるべからず
一、易《やす》き事は人に譲り難き事は自ら之に当るべし
一、常に心を静謐《せいひつ》に保ち危急に臨みては尚沈着なる態度を維持するに注意すべし

（『鈴木貫太郎自伝』）

この十則は、鈴木が自ら実行することができたものだけを挙げたものだという。

伝記刊行会『井上成美』は、その後、宗谷組の候補生たちがどのような士官に成長したかについて、つぎのとおり書いている。

——その結果はどうであったか。三十七期から誕生した将官の数を乗艦別に比較してみると、阿蘇組の二十一名に対して、宗谷組は二十八名である。この中に、井上はむろんのこと、草鹿任一、大河内伝七、小沢治三郎、桑原虎雄ら、さきに挙げたこのクラスの著名な提督の多くが含まれている。ベッキ組（筆者註・back の訛《なま》りで、ビリという海軍隠語。成績の悪い者を集めた組）と言われた木幡行も将官になった（筆者註・少将）。提督数の比較で教育の成果を計ることは適切ではないが、鈴木艦長が将来を見てほしいと言ったのは、結果から見て正しかったと言えるだろう。鈴木貫太郎は自伝の中で、司令官が「宗谷の成績が悪い」と言ったことが、宗谷の候補生たちを発奮させ、多数の名士を生み出したものと思うという趣旨のことを述べて、宗谷艦長時代の回想を結んでいる——

なお、伊地知司令官は、海軍省教育本部長への報告書の末尾に、候補生の試験成績に関してつぎのような所見を書いている（教育本部長進達「海軍少尉候補生実務練習成績」防衛庁戦史部所蔵）。

――終リニ臨ミ特記スルハ、全般ノ首位ニ在ル小林万一郎（筆者註・阿蘇組の先任）ト井上成美トノ人物観ナリ。両者ノ練習教科目試験点数ヲ見レバ、小林ハ井上ニ対シテ漸《ようや》ク六点ヲ勝チ居ルノミナルモ、兵学校ノ卒業成績点数ニ於《おい》テ、小林ハ井上ニ対シ、九十六点ヲ勝チ居ルヲ以テ、合計百二点ノ差トナリ、小林ハ依然第一位ヲ占メタリ。然《しか》ルニ両者ノ人物性格ヲ比較スレバ、兵学校長、同教官及ビ練習艦ニ於ケル指導官ノ多数モ、井上ノ方、小林ノ上ニ在ルベシト認メ居レリ。点数ノ加算上、席次ノ変化ヲ敢《あえ》テセザリシモ、後来ノ発展ハ、或《あるい》ハ多数者ノ意見ヲ証スルニ足ランカ、記シテ後日ヲ待ツ――

井上は、前記、昭和四十一年の入校六十周年第三十七期クラス会の祭詞で、この練習艦隊当時のことについて、

――次いでの練習艦阿蘇、宗谷の遠洋航海!!　之には問題がありました。阿蘇の候補生は大変優遇され、身分（高等官待遇）相当の扱いを受けていた様でしたが、宗谷の大中尉の中には、一、二、わがままで下等と云いたい位の士官が居り、候補生の人格など頭から無視した言を吐く、乱暴な人から誠にひどい取扱いを受け、候補生室には一部反抗的な空気も生じましたが、暴発寸前で自省したようでした。

兵学校と全く比べものにならないものでしたが、どうして候補生がグレなかったか。そこに鈴木貫太郎艦長と高野五十六一分隊長の無言の感化があったのではないかと思います（筆者註・古賀峯一中尉も悪くなかったようである）――

と書いている。

また、その後の第三十七期については、

――三十七期から四十数人の将官が出たことは、将官になる迄《まで》の永い間の勤務振《ぶり》や、人柄が認められたと見るべきで、その意味でこそ大いに誇りとするに足ると思います。どうしてこんな立派なクラスになったか、之は七不思議みたいなようで、原因は判《わか》りませんが、三十七期は皆「職務第一主義」「出世欲など薬にしたくも皆無」「海軍の生活を楽しんでる」「人の陰口を言わない」「クラスメートを賞《ほ》める」「級友仲が良い」「正義感」等沢山あり、之が他のクラスに比べて良いクラスと見られる素因であります――

と書いている。自画自賛の感じもあるが、井上がいっていることと、鈴木貫太郎の「奉公十則」を比べてみると、よく似ている。

井上は、明治四十三年（一九一〇）十二月十五日に海軍少尉となり、明治四十四年一月には一等巡洋艦鞍馬《くらま》乗組となり、航海長付の勤務についた。鞍馬は、島村速雄中将が指揮する第二艦隊の旗艦で、同年四月一日、僚艦の二等巡洋艦利根《とね》とともに、イギリス皇帝ジョージ五世の戴冠《たいかん》式のさい行なわれる観艦式に参列するために、横須賀を出港した。

六月二十五日の観艦式を無事にすませた鞍馬と利根は、その後、英、仏、伊などの沿岸を巡航し、各国の軍港視察、新造艦見学などを行ない、また乗組員は、ロンドン、パリ、ローマその他の都を訪問、官民との交歓につとめ、見聞を広めた。

そして十一月十二日に横須賀に帰ってきた。

このころの日本海軍の想定敵国は、全滅したバルチック艦隊のロシアにかわり、アメリカになっていた。

日露戦争直後、すでにセオドール・ルーズベルト大統領は「日本びいき」を打ちきり、日本をライバルと見なしていた。

もともとアメリカの極東政策は門戸開放・機会均等主義で、アメリカは日本が極東地域、とくに満州で権益を独占するのを抑止する意志をつよく持っていた。

ところが、明治三十八年（一九〇五）の鉄道王ハリマンによる満鉄買収計画、四十年の満鉄平行線敷設計画、四十二年の国務長官ノックスの満州鉄道中立化提議が、すべて日本の反対で失敗したために、アメリカは日本を敵視するようになったのである。

この日米関係悪化をさらに悪くしたのが、明治三十九年に起きた日本人移民にたいするアメリカ人の排斥運動であった。とくにカリフォルニア州での日本人労働者排斥運動ははげしく、同年十月には日本人学童隔離決議案が州議会を通過し、日本人学童は中国人、朝鮮人の学童とともに公立学校から隔離された。日本政府および世論は、これを日本人にたいする侮辱、差別として強く非難したが、アメリカはアメリカで「黄禍論」を展開し、日本の非難に反撃をくわえた。

折りも折り、明治四十一年（一九〇八）十月十八日、船体を白塗りしてホワイト・フリートと呼ばれるアメリカ大西洋艦隊の戦艦十六隻が、駆逐艦その他数隻を伴い、日本を威嚇《いかく》するように横浜に入港してきた。

ルーズベルトは、

「日本人は私が日本人に恐れを抱いていると思っているようだから、私はアメリカを彼らに見せてやるのだ」

と考えたのである。

しかし、時の西園寺公望《さいおんじきんもち》首相は、斎藤実《さいとうまこと》海相の提言をいれ、逆にこのホワイト・

フリートを大歓迎することにした。

同艦隊にたいする朝野をあげての日本の歓迎ぶりはたいへんなもので、サンフランシスコのある新聞は、

「東京における歓迎は、東郷大将凱旋《がいせん》のときより大規模で、艦隊の士官らは未曾有《みぞう》の大歓迎に驚倒した。とくにアメリカ国民を最も感動させたのは、小学校生徒がアメリカ国歌を合唱して迎えてくれたことであった」

と報道した。

接待側の主役は日本海軍であった。

アメリカ艦隊は二十五日に横浜を去り、日米間の緊張はひとまず緩和され、両国は和解の方向にすすんだ。

しかし、日本外交の基本方針が、日清・日露両戦争で得たアジア大陸の特殊権益、とくに朝鮮、南満州の権益を確保し、またそれを拡大することにあり、アメリカの方針が門戸開放・機会均等にあるかぎりは、両国の対立は解消しえなかった。

このような日米間の情勢のなかで、日本海軍は、太平洋をアジアに向けて来攻するかもしれないアメリカ艦隊を邀撃《ようげき》撃滅すべく、戦備と作戦計画をととのえはじめたのである。

鞍馬勤務一年あまりののち、明治四十五年（一九一二）四月に、井上は海軍砲術学校普通科学生となった。

そのとき、米内光政《よないみつまさ》（第二十九期、のちに大将）大尉と山本五十六大尉が、ともに同校の教官をしていた。のちに日独伊三国同盟阻止のために陸軍とわたり合う海軍省の〝左派トリオ〟米内海相・山本次官・井上軍務局長の出現は、これから二十五年後のことである。

七月三十日、明治天皇崩御、大正天皇即位によって、明治は大正と改元された。

八月、井上は四ヵ月の砲術学校普通科学生教程を卒業し、即日、海軍水雷学校普通科学生となった。この両校は、初級将校必修のコースである。

あるとき、学生たちは教官に叱《しか》られた。教官は威圧するように、

「それでも正しいと思う者は出て行け」

といった。

すると井上は席を立って、平然として出て行った。それにつられるように、何人かも出て行った。

井上は、生涯を通じて、自分が正しいと信じたことについては、どんな相手にたい

しても所信を曲げなかったが、これがそのはじめといえるかもしれない。

大正元年（一九一二）十二月一日、井上は中尉に進級し、やがて巡洋戦艦比叡《ひえい》乗組となった。この比叡乗組中の大正三年（一九一四）七月二十八日、第一次世界大戦が勃発し、八月二十三日、日本も日英同盟によって対独宣戦を布告した。

大正四年十二月十三日、井上は大尉に進級し、同日付で戦艦扶桑《ふそう》分隊長に補された。

大正五年七月、山本五十六とおなじ兵学校第三十二期の堀悌吉《ていきち》少佐（のちに中将）が、やはり分隊長として扶桑に転勤してきた。堀は三十二期のクラス・ヘッドで、また見識も所信もすぐれ、井上が終生尊敬した人物だった。井上が堀と士官室生活を共にしたのは、同年十二月までわずか五ヵ月であった。しかし堀は井上の人間形成に大きな影響をあたえた。

当時、扶桑のガンルーム（第一士官次室、中・少尉など初級士官の公室）にいた森田貫一機関少尉（のちに中将）は、

「堀さんも、井上さんとはたいへんお親しい様子でした。お二人とも、その後ずっと軍政方面を歩かれて、ことに堀さんが軍縮条約問題（筆者註・昭和五年のロンドン海軍軍縮会議）で、海軍省と軍令部との争議（筆者註・海軍省は条約賛成、軍令部は条約反対。その当時堀は海軍省軍務局長であった）のとばっちりで、ついに身を退かれ

た（筆者註・昭和九年十二月、大角岑生《おおすみみねお》海相によって予備役に追放された。中将であった）ときには、井上さんがたいへん残念がり、また憤慨（筆者註・当時井上は戦艦比叡艦長で、大佐であった）されたのを今でも覚えています。井上さんが、最も尊敬された人の一人は堀さんでしょうね」

と、いっている（伝記刊行会『井上成美』より）。

扶桑分隊長当時、井上は当直に立つとき、双眼鏡を使わず、ネルソンばりに筒型の望遠鏡を手にして、海の彼方《かなた》を睨《にら》んでいたという。その望遠鏡は、鞍馬乗組でイギリスに行ったとき、ロンドンで買ったものであった。のちに海軍兵学校長になったとき、井上は、江田内に突き出た表桟橋に立ち、水泳訓練中の生徒らを、この望遠鏡で見て、事故発見につとめる。

なぜ双眼鏡でなく望遠鏡にしたかは、井上の好みであったというほかなく、強いていえば、一点に精神を集中できるということかもしれない。

大正五年（一九一六）十二月一日付で、井上は海軍大学校乙種学生となった。乙種学生というのは、砲術、水雷、航海の各高等科に分かれる前の教養課程で、期間は約半年である。四年ぶりの陸上勤務であった。

その一ヵ月半ほどのちの大正六年一月十九日、井上は二十七歳で結婚した。新婦は退役陸軍二等主計正（主計中佐）原知信《とものぶ》の三女で喜久代といい、二十歳であった。喜久代の長姉光子は、のちに陸軍大将、首相となる阿部信行《あべのぶゆき》の妻であった。喜久代は評判の美人で、井上の方が彼女に惚《ほ》れたといわれている。

大正八年（一九一九）二月八日、喜久代との間に長女靚子《しずこ》が生まれた。しかし井上は、スイスに行くために、二月十日、神戸からの商船で日本を立った。

同年六月二十八日、第一次世界大戦の終了を決定づけるベルサイユ平和条約が調印された。

大正九年（一九二〇）七月一日、井上は、平和条約実施委員を仰せ付けられた。日本代表の主席委員は、左近司政三大佐（第二十八期、のちに中将）であった。

井上らは、イギリス、フランス、イタリアの委員と共同で、ドイツ軍の武装解除に当たった。そこで各国武官から、イギリスの上流階級人たちが、この大戦でいかに勇敢に戦ったかということを聞かされた。彼らは、日ごろ国から優遇され、特権をうけている。国の大事のときに働かなければと、みな軍隊を志願した。それは「ノーブレス・オブリージュ」の精神と、「ジェントルマンシップ」だという。noblesse obligeとは「高い身分には義務が伴う」というフランスのことばで、この精神が身についた

「ジェントルマン」なら、戦場に行っても兵士の上に立って立派に戦えるというのである。井上は、精神貴族好みのせいもあったろうが、この話に非常に感銘したらしい。のちに井上は、兵学校長として、「ジェントルマンをつくる」ことを生徒教育の根本方針とするほどになる。

それとは反対に、ドイツ人は「目的のためには手段をえらばず」、権謀術数を弄《ろう》する主義だというのを実感し、ドイツにはつよく不信を抱いたようである。

海外駐在三年ののち、井上は大正十一年（一九二二）三月一日付で、第一艦隊第三戦隊の二等巡洋艦球磨《くま》の航海長兼分隊長に補された。前年十二月から海軍少佐であった。

井上が、第一次世界大戦にかかわったのは、大正三年比叡乗組として青島《チンタオ》攻略部隊の間接援護作戦に参加したこと、大正六年から七年にかけて一等砲艦淀《よど》航海長としてインド洋方面と南洋方面の出動に参加したこと、大正九年から十年にかけて、平和条約実施委員としてドイツの武装解除に当たったことの三つであった。

それがこんどの球磨航海長では、シベリア出兵にかかわった。大正十一年九月、球磨は、シベリアのセントウラジミル方面に出動、同方面の警備に当たった。日本軍の撤兵を援護するためだったという。

第一次大戦およびシベリア出兵にたいしては、井上がどう思ったかについては、すでに述べたとおりである。

明治四十三年から大正十年にかけて、日本海軍は、米海軍を想定敵として、これに勝つための軍備拡張に熱中した。

山本権兵衛海相のあとを継いだ斎藤実海相は、明治四十三年五月に「海軍充実の議」を閣議に出して以来、八八艦隊実現の計画をすすめた。しかし、大正二年（一九一三）三月二十四日、山本権兵衛内閣がシーメンス事件の責任を取って総辞職したために、この計画は、一時ストップした。

山本内閣のあとの大隈《おおくま》内閣は、大正三年に防務会議を設置して、首相が議長となり、外務・大蔵・陸軍・海軍の各大臣と陸軍参謀総長・海軍軍令部長をそのメンバーとして、陸海軍の軍備計画を検討した。その結果、陸軍の二個師団増設が決定され、ついで海軍の八四艦隊案が大正五年に決定され、同年の第三十九議会で可決された。当時の海相は加藤友三郎大将で、加藤はあくまでも八八艦隊実現をのぞんでいた。その案は、

第一線部隊（艦齢八年以内）

戦艦八隻（長門《ながと》、陸奥《むつ》、加賀、土佐《とさ》、紀伊《きい》、尾張《おわり》、十一号、十二号）
巡洋戦艦八隻（天城《あまぎ》、赤城《あかぎ》、高雄、愛宕《あたご》、十三号、十四号、十五号、十六号）

第二線部隊（艦齢八年以上）
戦艦四隻（扶桑、山城、伊勢《いせ》、日向《ひゅうが》）
巡洋戦艦四隻（金剛《こんごう》、比叡、榛名《はるな》、霧島）

というもので、これでは日本経済がその重みでつぶれるとしか思えない巨大艦隊の構想であった。

第一次世界大戦が終わるころから世界的な不況がひどくなり、大正九年（一九二〇）には各国とも恐慌に見まわれた。そういうなかで、翌大正十年には、日本海軍の予算は国家歳出の三十二パーセントにもふくれ上がったため、それまで一貫して海軍拡張を主張してきたさすがの時事新報でさえも、一転して海軍縮小論となったのである。

世界各国は不況対策の一つとして、大正十年（一九二一）十一月から十一年二月にかけて、ワシントンで海軍軍縮会議をひらいた。日本からは、加藤友三郎海相、徳川家達貴族院議長、幣原《しではら》喜重郎在米大使、埴原《はにはら》正直外務次官らが全権として出席した。海軍側の随員は、加藤寛治中将、山梨勝之進《かつのしん》・野村吉三郎・末次《すえつぐ》信正・永野修身《おさみ》各大佐、堀悌吉中佐らであった。

会議の結果、アメリカ、イギリス、日本の主力艦（戦艦、空母）の保有量（トン数）比率を五・五・三とする海軍軍縮条約が、大正十一年二月六日にむすばれた。

同時に、つぎの四つの重要事項も決定された。

一つは、九ヵ国条約がむすばれ、太平洋および極東に領土を持つ各国は、中国の独立と領土保全を約束し、また中国の門戸開放政策を尊重することになった。

二つは、日米英仏間に四国条約がむすばれ、四国が太平洋に持つ属領の権利を相互に尊重することになった。

三つは、明治三十五年（一九〇二）以来の日英同盟が廃止された。

四つは、日本は満蒙《まんもう》投資優先権の放棄を声明し、ベルサイユ条約で獲得した山東省権益の中国返還に同意した。

主力艦の五・五・三の比率と、この四事項の決定は、アメリカの主張が全面的に勝ち、日本の主張が全面的に負けたといえないこともなかった。とくに、主力艦比率で対米七割を強硬に主張していた加藤寛治と末次信正は、これでは日米戦が起きた場合に、日本海軍は米海軍に勝つことができないと憤激した。

しかし、加藤友三郎は、会議が決裂し、ふたたび建艦競争がはじまれば、日本はとうていアメリカの国力に及ぶものではなく、財政的に破綻《はたん》し、国防どころではなくなると考えていた。

加藤海相は、海軍次官井出謙治中将あてに、譲歩の理由を書いたつぎの文書を送った。口述筆記したのが堀悌吉中佐で、加藤寛治もそこに同席した。

――国防は軍人の専有物にあらず。戦争もまた軍人にてなし得べきものにあらず。国家総動員してこれにあたらざれば目的を達しがたし。故に一方にては、軍備を整うると同時に民間工業力を発達せしめ、貿易を奨励し、真に国力を充実するにあらずんば、いかに軍備の充実あるも活用するあたわず。平たくいえば、金がなければ戦争ができぬということなり。

戦後ロシアとドイツとかようになりし結果（筆者註・ロシアは王朝が滅亡し、社会主義国家となり、ドイツは武装解除された）、日本と戦争の起こるProbabilityのあるは米国のみなり。かりに軍備は米国に拮抗《きっこう》するの力ありと仮定するも、日露戦争の時のごとき少額の金では戦争はできず。しからばその金はどこよりこれを得べしというに、米国以外に日本の外債に応じ得る国は見当らず。しかしてその米国が敵であるとすれば、この途は塞《ふさ》がるが故に、日本は自力にて軍資を造り出さざるべからず。この覚悟なきかぎり戦争はできず。英仏はありといえども当てには成らず。かく論ずれば、結論として日米戦争は不可能ということになる。この観察は極端なるものなるが故に、実行上多少の融通きくべきも、まず極端に考うればかくのごとし。ここにおいて日本は米国との戦争を避けるを必要とす。重ねていえば、武備は資力をともなうにあらざればいかんともするあたわず。できるだけ日米戦を避け、相当の時機を待つよりほかに仕方なし。かく考うれば、国防は国力に相応ずる武力を備うると同時に、国力を涵《かん》養《よう》し、一方外交手段による戦争を避くることが、目下の時勢において国防の本義なりと信ず。すなわち国防は軍人の専有物にあらずとの結論に達す。

余は米国の提案にたいして、主義として賛成せざるべからずと考えたり。仮に軍備制限問題なく、これまでどおりの製艦競争を継続するときいかん。英国はとうてい大海軍を拡張するの力なかるべきも、相当のことはかならずなすべし。米国の世論は軍備拡張に反対するも、一度その必要を感ずる場合には、なにほどでも遂行する実力あり。ひるがえってわが日本を考うるに、わが八八艦隊は大正十六年度に完成す。しかして米国の三年計画は大正十三年に完成す。英国は別問題とすべし。その大正十三年より十六年にいたる三年間に、日本は新艦製造を継続するにもかかわらず、米国がなんら新計画をなさずして、日本の新艦建造を傍観するものにあらざるべく、かならずさらに新計画を立つることになるべし。また日本としては米国がこれをなすものと覚悟せざるべからず。

もし然りとせば、日本の八八艦隊計画すら、これが遂行に財政上の大困難を感ずる際にあたり、米国がいかに拡張するも、これをいかんともすることあたわず。大正十六年以降において、八八艦隊の補充計画を実行することすら困難なるべしと思考す。かくなりては、日米間の海軍差は、ますます増加するも接近することはなし。日本は非常なる脅迫を受くることとなるべし。米国提案のいわゆる十・十・六は不満足なるも、But ifこの軍備制限完成せざる場合を想像すれば、むしろ十・十・六で我慢すると、結果において得策とすべからずや――（『旧海軍記録文書』）

三、四年まえまでの加藤は、対米戦に備えて八八艦隊の実現に熱中していたのであったが、その後の世界および国内情勢の変化をみつめるうちに、日本にふさわしい国防理念は以上のようなものだと判断するに至ったのであろう。

この軍縮対米不戦論は、岡田啓介、財部彪《たからべたけし》、谷口尚真《なおみ》、山梨勝之進、米内光政、堀悌吉、山本五十六、古賀峯一、井上成美らにうけつがれる。

一方、対米七割の比率を強硬に主張した加藤寛治、末次信正の軍拡対米決戦論は、伏見宮博恭王《ふしみのみやひろやす》、東郷平八郎を動かし、大角岑生、永野修身、高橋三吉、嶋田繁太郎《しまだしげたろう》、近藤信竹、南雲《なぐも》忠一らにうけつがれる。

なお加藤は、大正十一年（一九二二）六月に首相となると、時を移さずシベリアからの撤兵を決行し、同年十月にそれを完了した。

この二大政策によって、破綻に瀕《ひん》した日本経済をも救ったのである。

井上は、このワシントン海軍軍縮条約について、昭和四十五年に、兵学校の教え子たちに、こう語っている。

「戦《いくさ》をすれば負けるから、何とか外交でしのいでいかなきゃいかん、と私は思っていましたが、軍人としてそれを自分に言いきかせるということは悲しいことです。そして悔しいですよ。悔しいけれどもね、そういう国なんだから日本というのは……。

日本より技術が進み、富もあり、人口もたくさん、土地も広いという国がある、ということは仕方がない。もがいたって、これから脱け出るわけにはいかない。そういう世界の状況ならば、その中で無理をしない範囲で立派な国になっていく方がいいんではないか、そういうふう考えた。

わたしは、ワシントン会議後の海軍が縮小された軍務局の一課で、少佐で局員をしていました。

もう悔しくてしょうがない。どんどん艦は廃艦になってわたしのクラスの連中も十数人クビになった。中には自ら進んで志願した者もおりました。

けれども、アメリカ・イギリスの六割ということになれば、これで適当なんじゃないかと思うようになりましたけれども、悲しいことは悲しい。どんどん軍艦ができて海軍が強くなるのはいい気持ですけれども、そうはいかないんだから、しょうがない、と思っていました」

そして井上は、加藤友三郎を、山本権兵衛とともに、一等大将として挙げている。

海軍分裂が不幸のはじまり

シベリアからの撤兵が完了してまもない大正十一年（一九二二）十二月一日付で、井上は海軍大学校第二十二期甲種学生となった。

甲種学生というのは、海軍の高級幹部候補で、高等用兵や軍政を学ぶものである。

大正十三年十二月一日に井上は同校を卒業した。しかし、恩賜《おんし》の軍刀はもらっていない。もらったのは、兵学校第四十期の首席岡新大尉と、同期十番の阿部勝雄大尉であった。

海大卒業と同時に井上は、海軍省軍務局員となった。軍務局は海軍軍政の中枢である。平たくいうと、海軍経営の中心部というところである。

ここで井上は、海軍書記官の榎本重治《えのもとじゅうじ》と親しくなった。榎本は東大法学部出身で、とくに国際法の専門家であった。

伝記刊行会『井上成美』に、井上と榎本が、こんな会話をしていたと書いてある。

――治安維持法が成立したのは大正十四年である。その成立を控えたある日のこと、榎本は井上にこう語った。

「共産党を封じ込めずに、自由に活動させる方がよいと思うが……」

「………」

井上は無言であった。

このときから二十数年経《た》った戦後のある日、初めて横須賀・長井の井上宅を訪れて来た榎本の手を握って、井上はこう返事している。

「いまでも悔まれるのは、共産党を治安維持法で押えつけたことだ。いまのように自由にしておくべきではなかったか。そうすれば戦争が起きなかったのではあるまいか……」

長い無言の握手のあと、ポツリと洩《も》らした井上のこの言葉が、戦争への流れに抗して澪標《みおつくし》のように立ち続けてきた榎本の心を打った――

井上は共産主義者ではない。しかし、いまの日本のように自由主義国家であって、共産党も自由に活動できるというのが、戦争を起こさないためにいいといっているようである。

昭和二年十一月から昭和四年八月まで、井上は在イタリア大使館付武官をつとめた。海軍中佐のときである。

当時のイタリアはムッソリーニ政権の勃興期《ぼっこうき》で、観艦式、観兵式、空軍の編隊飛行や特殊飛行など、見かけは見事であった。しかしウラにまわると、ゴマカシや頼りにならないことが多く、この国はアテにできないというのが井上の結論であった。


昭和三年六月四日、満州軍閥の頭目張作霖《ちょうさくりん》が搭乗する列車が瀋陽《しんよう》駅ちかくで大爆発に会い、張が即死した。謀殺を計画実行したのは関東軍高級参謀河本大作大佐で、それに協力したのが北京駐在武官建川美次《たてかわよしつぐ》少将であった。

彼らの狙《ねら》いは、抗日排日の巨頭張を抹殺し、全満州を関東軍が制圧しようというものである。

予備役陸軍大将の田中義一首相は、河本の犯行がほぼ明らかになった同年十二月、「張作霖の爆死の下手人は、わが陸軍軍人との疑いもありますので、目下調査中でございます。いずれ後日正確な結果を報告いたしますが、もし、日本軍人が干与《かんよ》している事実がありますれば、厳重に軍法会議において処断したいと存じます」

と、天皇に報告した。

ところが陸軍は、威信失墜を嫌い、軍法会議をひらこうとせず、ウヤムヤのうちに不問に付そうとした。閣僚や、田中が総裁となっている政友会幹部らも、責任を回避するために陸軍に同調した。

結局田中は、警備上の手落ちにたいする行政処分というごまかしで一件落着をはかった。

河本大佐が停職（のち予備役）、軍司令官村岡長太郎中将が待命、軍参謀長斎藤恒少将と独立守備隊司令官水町竹三少将が譴責《けんせき》という、インチキな処分であった。

翌年、天皇に督促された田中は、六月二十八日に参内《さんだい》し、

「日本の陸軍には幸いにして犯人はいないということが判明いたしました。しかし、わが警備区域内において事件が発生いたしましたので、その間警備上の手落ちもありましたから、関係者を行政処分いたしました」

と、しらじらしいウソを報告した。

天皇は、

「お前の最初にいったことと違うではないか」

と激怒したという（『西園寺公と政局（一）』）。

さすがに恐懼《きようく》して退出した田中は、はやばやと七月二日に内閣を総辞職した。

しかし事件の真相は公にされなかった。そのために日本は、中国はじめ諸外国から殺人強盗国として排撃されることになった。

また、犯人を断罪しなかったために、これにならう陸軍の悪業が、つぎつぎに行なわれるようになっていく。

イタリアからの帰国途中、昭和四年十一月三十日、井上は大佐に進級した。四十歳の九日まえであった。

東京西大久保の自宅で留守を守っていた妻の喜久代は、二年まえから肺結核に冒され、小学校五年生の一人娘を抱えて、苦労の多い毎日を送っていた。

昭和五年一月十日、井上は海軍大学校教官に補され、甲種学生に戦略を教えることになった。

喜久代のために、空気のいい鎌倉に、井上家は転居した。

海大の学生たちは、兵学校第四十四期以降であった。授業のはじめに、井上は、

「この学校を出たものは、わが海軍の枢要《すんごう》な配置につかねばならぬので、その責任は重い。したがって、本校においては、寸毫の油断も懈怠《けたい》も許されぬことを肝に銘じ、

研鑽《けんさん》を怠ってはならぬ」

と、生まじめに自覚をうながしたという。

井上の教育の特色は、徹底した合理主義と、独創性の重視にあったようである。

「百発百中ノ砲一門ハ、百発一中ノ敵砲百門ニ対抗シ得ル」というような精神主義は、ひどく嫌った。

こういうところも、井上の持って生まれた気質かもしれない。


昭和五年には、日本海軍を二つに分裂させ、やがては無制限軍拡時代を招く、大きなできごとが起きた。同年一月のロンドン海軍軍縮会議である。

ワシントン海軍軍縮会議は、主力艦の保有量比率を決めるものであったが、今回は、巡洋艦以下の補助艦艇の保有量比率を決めようというのであった。前首相若槻礼次郎《わかつきれいじろう》、海相財部彪《たからべたけし》大将（第十五期）らの全権とともに山本五十六少将、榎本重治書記官、岩村清一大佐（第三十七期、のちに中将）らが随員として同行した。

会議は難航したが、日本の主張である「三大原則」（水上補助艦艇七割、大型巡洋艦七割、潜水艦保有量七万八千トン）のうち、水上補助艦艇と大型巡洋艦の総括保有量の比率が六割九分七厘五毛、潜水艦保有量は日米ともに五万二千トンという日米妥協案が成立し、同年四月二十二日、ロンドン海軍軍縮条約として調印された。

ここまでは、軍令部長加藤寛治大将と同次長末次信正中将も、東郷平八郎元帥と軍事参議官伏見宮博恭王大将（のちに元帥）も、不満ではあるがやむをえないという態度であった。

ところが、調印前日の四月二十一日から開会された条約批准の特別国会で、政友会の犬養毅《いぬかいつよし》や鳩山《はとやま》一郎らは、政府が軍令部長の同意なしに回訓を決定したのは「統帥権の干犯」であると非難した。

しかしこれは、加藤・末次の主張が正しいとするものではなく、二人の不平不満を利用して、浜口雄《お》幸《さち》内閣を打倒しようという党略にすぎないものであった。

六月十日、煽動《せんどう》にのせられたように、加藤は政府を弾劾《だんがい》する上奏文を奏上し、直接、天皇に辞表を提出した。天皇への抗議ともいえる。

「統帥権」というのは、大日本帝国憲法第一章第十一条の「天皇ハ陸海軍ヲ統帥ス」というそれである。加藤・末次はこれを盾に取り、兵力量を決めるについても、天皇直属の統帥部である軍令部長の同意を必要とすると主張したのである。

しかし、第十二条には「天皇ハ陸海軍ノ編制及常備兵額ヲ定ム」とあり、これからすれば、兵力量を定めるについては、海軍大臣をふくむ政府の意見を聞き、天皇が定めるということになっている。

加藤・末次の主張は無理であろう。

七月に入り、軍事参議官（役付のない現役大将など）会議がひらかれ、ロンドン条約について結論を出すことになった。東郷、伏見宮、新軍令部長谷口尚真中将（第十九期、のちに大将）、岡田啓介大将（第十五期）、加藤らが出席した。ここで、東郷と伏見宮はなお強硬論を述べたが、兵力の欠陥については政府が補充対策に努力するということで、ようやく全員承認となった。

しかし、いわゆる条約派の海軍省対米不戦派と、艦隊派の軍令部対米決戦派の対立は、これでおさまらず、やがて艦隊派の勢力が条約派を圧倒するようになり、対米戦に踏みこんでいくのである。

昭和六年九月十八日、奉天《ほうてん》北郊柳条湖《りゅうじょうこ》付近の満鉄線路が爆破される事件が起こった。これは、関東軍高級参謀板垣征四郎大佐、作戦主任参謀石原莞爾《かんじ》中佐、奉天特務機関の花谷正少佐らの共謀によるものであった。彼らは、本庄繁関東軍司令官を無視して、無断でデッチ上げ事件を強行した。

中心人物石原は、『満蒙問題私見』で、

「満蒙問題の解決策は満蒙を我《わが》領土とする以外絶対に道なきことを肝銘するを要す。（中略）国家が満蒙問題の真価を正当に判断し其《その》解決が正義にして我国の義務なることを信じ且《かつ》戦争計画確定するに於《おい》ては其動機は問う所にあらず。期日定め彼《か》の日韓合併の要領により満蒙併合を中外に宣言するを以《もつ》て足れりとす。

然《しか》れ共《ども》国家の状況之《これ》を望み難き場合にも、若《も》し軍部にして団結し戦争計画の大綱を樹《た》て得るに於ては、謀略により機会を作製し軍部主動となり国家を強引すること必ずしも困難にあらず」

と、盗《ぬす》っ人《と》たけだけしく書いている。

ただし、この陰謀には、陸軍参謀本部の二宮治重次長、建川美次第一部長、陸軍省の小磯国昭《こいそくにあき》軍務局長、永田鉄山軍事課長らもひそかに同意していたので、陸軍強硬派こぞっての陰謀であった。だから矢面に立つ石原にしても、大きなことをいっていられたのかもしれない。

爆破事件を起こすと関東軍は、ただちにこれは中国軍の仕業だとして、無実の中国軍を奇襲し、殺傷、破壊した。

事件の報告をうけた陸軍中央は、翌日午前七時から、陸軍省・参謀本部の首脳者会議をひらいた。陸軍省からは杉山元《はじめ》次官、小磯軍務局長、参謀本部からは二宮次長、

梅津美治郎《うめづよしじろう》総務部長、今村均《ひとし》作戦課長、橋本虎之助《とらのすけ》情報部長が出席した。席上、小磯が、

「関東軍今回の行動は全部至当のことなり」

と、イケシャーシャーと発言すると、一同これに文句なく賛成、兵力増加についても、全面的に賛成した（以上、参謀本部第二課「満州事変機密作戦日誌」『太平洋戦争への道　資料編』参照）。

同日午前十時からの緊急閣議前に、若槻礼次郎首相は、南次郎陸相をつかまえて、

「関東軍の今回の行動は、支那軍の暴戻《ぼうれい》にたいし、真に軍の自衛のために取った行動でしょうか。かように信じてよいのでしょうか」

と、ヘッピリ腰ながらも念をおした。すると南は、

「もとよりそのとおりです」

と、胸を張ってこたえた（同前参照）。

陸軍暴走にたいし、政府や重臣は、これを抑えようとせず、見て見ぬ振りで追随した。若槻は陸軍のいいなりに天皇に報告し、裁可を仰いだ。

日本は、「天皇制」から「陸軍制」になったようなものであった。

陸軍は、昭和七年二月五日にはハルピンまで占領し、東三省の主要都市と鉄道沿線

一帯をその支配下においた。

三月一日には、東北行政委員長張景恵《ちょうけいけい》に、恥ずかしげもなく「王道楽土」「五族協和」をうたう「満州国」の建国宣言を大々的に公布させ、九日には、清朝廃帝の溥儀《ふぎ》をロボット執政に就任させた。

こうして日本陸軍は「満州国」の「闇将軍《やみ》」となった。

この満州問題をめぐって、ゾクッとする話がある。

昭和八年春ごろのことらしい。当時横山一郎は海軍少佐で、ワシントンの在米大使館付武官補佐官をしていた。

ある日、陸海軍の駐在武官たちが、「小笹《こざさ》」という日本料理店で、懇親のためにいっぱいいやりながらめしを食った。

そのなかに、向う意気の強い古手の陸軍大尉佐藤賢了《けんりよう》がいた。のちに彼は、南支那方面軍参謀副長として、上からの命令なしに北部仏印への武力進駐を強行しようとしたり、東条陸相の軍務局長となって、反対派弾圧にスゴ腕をふるう男である。

酒が入ると、佐藤はいよいよ雄弁となり、こういった。

「満州国を確保するためには、満州人はみんな殺せばいいんだ」

一同が、

「まあまあ」

といっても、

「なーに、みんな殺せばいいんだ」

と、さかんにいったというのである。

もっとも、数年後に横山が佐藤に出会ったとき、このことをいうと、さすがの佐藤も、

「いやーっ、それだけはいわないでくれ」

と、あやまったという。

石原の陰謀は、トガメられるどころか、陸軍中央に喜ばれ、政府も重臣も、果ては天皇も承認するという結果となった。そのために、これは、とくに現地軍参謀らのいい手本となった。

元海軍大佐で、昭和十三、四年に米内海相の秘書官をしていた実松譲は、その著『新版米内光政』（光人社）で、

――それは少数の幕僚が軍の統制に服せず、国軍の大事を専断したのである。それから五年後の昭和十一年、石原は、参謀本部の作戦部長になっていた。彼の軍事的識見は、たしかにその地位に値するものであった。しかし彼の経歴は、その地位にふさ

わしくなかった。

　満州建国後も、関東軍の政略活動は衰えず、中央の意図に反することが多かった。石原はかつての子分たちを制止するため、単身、長春の司令部に乗り込み、参謀たちを集めて訓示した。訓示が終わると、

「それは閣下が本心でいわれるのですか」

と武藤章中佐が臆《おく》せず発言した。石原はそれを叱《しか》り、重ねて陸軍中央部の方針と大局論を述べると、武藤は平然として、

「自分たちは、石原閣下が満州事変のとき、やられたことを手本にしてやっているのです。ほめられるのが当然で、お叱りを受けるとは驚きました」

と切り返した。石原は完全に負けて東京にもどってきた。

　これは一つの例にすぎない。かつて統制を破って名をなしたものが、後にみずから統制者となって要求しようとしても、もはや人はそれに従わない。〝下剋上《げこくじょう》〟の弊は、統制をみだしたものを厳重に処分し、真の〝粛軍〟をはからないかぎりこれを根絶することができないのだ。その違反者に栄達の機会をあたえて、この弊風をためんとするのは、木によって魚を求めるたぐいである。

　ともあれ、満州事変は、反動の〝烽火《のろし》〟であり、下剋上の〝見本市〟といえる。こ

うして〝昭和軍閥〟は満州の野に生まれた……といっても過言ではなかろう。しかも生まれながらにして強靭《きょうじん》であった。そして、それをいっそう強靭にしたのは、昭和七年の「五・一五事件」から昭和十一年の「二・二六事件」にいたるいくつかの暗殺事件であった――

と書いている。

職を賭して伏見宮とたたかう

昭和七年五月十五日午後五時すぎ、海軍士官四名と陸軍士官候補生五名が総理官邸に乱入し、拳銃で老首相犬養毅《いぬかいつよし》を射殺した。

別働隊は内大臣の牧野伸顕《のぶあき》邸、政友会本部、三菱銀行に手榴弾を投げこんだ。

五・一五事件である。

彼らは、腐敗した指導階級と見る元老・重臣・政党・財閥・軍閥・吏僚閥に恐怖をあたえ、反省を求め、天皇と国民が一体の理想国が生まれることを願ってテロをやったという。

犯行に加わった海軍士官はつぎのとおりであった。

兵学校第五十四期三上卓中尉・黒岩勇少尉（予備役）、第五十六期古賀清志中尉・

山岸宏中尉・中村義雄中尉、第五十七期村山格之少尉。このうち、三上・黒岩・古賀・村山の四人が佐賀県出身である。

しかし、彼らの真のリーダーは、五・一五事件の三ヵ月まえ、昭和七年二月五日、上海事変の偵察飛行中に機上で戦死した藤井斉《ひとし》大尉であった。藤井はワシントン海軍軍縮条約がむすばれた大正十一年に兵学校に入校した六十名クラスの第五十三期だが、やはり佐賀県出身であった。

藤井の生家は貧しかったが、抜群に頭がよく、また生まじめな少年だった。県立佐賀中学では特待生となり、兵学校受験のときは、試験官の黒羽根秀雄中佐がひどく惚《ほ》れこんで、一も二もなく採用したという。

兵学校生徒時代の成績は五番前後で、第五十一期・元海軍大佐の大井篤によると、体つきも姿勢もよく、動作もきびきびしていて、尋常な人物ではなく見えたという。

しかし藤井は、休暇のときも故郷へ帰らず、上京して皇居内の大学寮に行き、そこで右翼思想家の西田税《みつぎ》や北一輝《きたいっき》などに師事していたらしい。

やがて井上日召《にっしょう》を知り、

「天皇は三種の神器に表現せられたる民族精神を具現せらるる絶対の元首に在《ま》しまし、国民はその赤子である。その関係は分離、対立のものとは全然別個な親子、一体のもので、そういう〝日本天皇国〟の確立を使命とする」

という思想に傾倒した。そして、

「創造的国家発展の途上に横《よこた》わる障害、それは指導階級の無自覚であるからして、彼等を自覚せしめ、相倶《あいとも》に日本天皇国を生活する」

という目的のために、憂国の士たちによって彼らに恐怖をあたえ、反省を求めるテロをやろうとしたようである。

しかし、五・一五事件によって、むしろ日本は悪化した。政党政治が崩壊し、陸軍主導の軍国主義が強大となり、やがて二・二六事件が起こるのである。

前記大井篤の説によると、彼らを洗脳した井上日召にしても、あるいは北一輝、西田税、大川周明らにしても、彼らの思想の根源は、ニーチェの空想的力主義だという。ドイツのヒトラーやイタリアのムッソリーニもニーチェの信奉者で、それが日本にも入ってきて、武力を背景に日本を支配しようというこうした右翼思想家や陸軍の考え方のよりどころになったというのである。

それは、国際的にはつぎのようになるようである。

西洋哲学の本流であった実証的知性主義のカント哲学は、ヘーゲルのあと、ニーチェとマルクスの二派の反逆哲学を生み、ニーチェは敗戦のドイツと零落のイタリアと新興の日本で勢力をのばし、マルクスは反ブルジョワのロシアで勢力をのばした。戦勝国のイギリス、フランス、アメリカなどでは、本流の哲学が栄えつづけた。

つまり、反逆の哲学が勢力をのばしたところは、本流の哲学が勢力をのばしているところから、圧迫とか虐待を受けているところであった。

東洋民族の一族である日本人にするとその上に英米仏人などから、「イエロー・モンキー」とか「ジャップ」などと蔑《さげす》まれ、人種的差別を受けていた。

このような情況のなかで、白人ではあるが、ドイツ人とイタリア人は、おなじ反英仏ということから日本人に親切にし、ブロンドや、金髪女まで世話するほどであった。そこで、独伊とむすび英米仏を武力で東洋から駆逐したいという日本人が多くなった。

しかし、実はこれもウラにはウラで、ヒトラーの『マイン・カンプ』（わが闘争）を読めば、日本人に愛想をよくするのは、彼が世界征覇の野望を達成せんがために日本人を利用したいからにすぎず、ホンネはイギリス人同様、あるいはそれ以上に黄色人種を蔑視《べっし》していることが明らかである。ムッソリーニも似たようなものであった。

伝記刊行会『井上成美』には、つぎのようなことが書いてある。

――そのころの日本（筆者註・昭和十三、四年ごろ）では、新興国家群である日独伊三国が協力し、既成国家群に対抗して世界新秩序を建設しようという国民精神作興運動が盛んであった。しかし、その効果さえ井上自身は認めるつもりはなかった。青年士官時代からヨーロッパ勤務が長かった井上の胸中には、両国に対する不信感が蓄積されていた。それはむしろ嫌悪感ですらあった。

ヒトラー台頭以来、日本でもその著『マイン・カンプ』がもてはやされた。それを読んでドイツかぶれになっている後輩の一人にたいして、井上はその中の「黄禍論」を指摘し、たしなめたことがある（筆者註・ヒトラーは人種問題に関し、ドイツ民族絶対至上論者であって、日本人を、想像力のない劣った民族、しかし小器用で自分の手足として使うには便利な国民だといっている）。後輩の読んだ翻訳本では、日本人に都合の悪いその部分が削除されていたのだが、井上は原書をすでに読んでいた。ヒトラーが有色人種を蔑視し、ドイツ民族による世界征覇をめざし、〝目的は手段を正当化する〟考え方に立って強引に兵を進めているその本質を、井上は見抜いていたのである。

「ヒトラーは国民を弾圧して政権をとった成り上がり者だ。長続きするわけがない。そんな人間と手を結んでたまるか」

と井上は思っていた。

イタリアに対しても、その国民性に失望していた。昭和十三年三月二十日、イタリアの巡洋艦で来日した同国親善使節団と同艦乗員の士官を、米内《よない》（筆者註・海相）が大臣官邸に招いたときのことである。井上（筆者註・軍務局長）は、軍令部次長の古賀峯一《みねいち》にこう囁《ささや》いた。

「見ていなさい。テーブルの葉巻をポケットに入れて持って帰りますから」

彼らが去ったあと、葉巻は一本も残っていなかった――

では井上は、アジア侵略の代表国イギリスをどう見ていたか。それについては、兵学校第七十四期で、井上の生前、何十回となく井上家を訪問した妹尾作太男《せのおさだお》が、井上からつぎのように聞いている。

「どこの国でも、自分の国がいちばんかわいい。だから、たいてい悪いことをやっている。

しかし、歴史をふり返ってみると、そのなかでも信用できる国とできない国がある。イギリスも悪いことをいろいろやっている。しかし、日英条約を見ても分かるが、条約を結ぶと、結んでいる間だけはそれをちゃんと守っていた。

ヒトラーのドイツなんか、自分のつごうで条約も勝手に破るから、とうてい信用などできるものではなかった」

しかし、当時の多くの日本人は、英仏などのアジア侵略、人種差別にたいしてつよい反感を抱いていたので、そのためにニーチェの反逆哲学が日本に勢力をのばす土壌があったとはいえそうである。

ただ、反逆といえば、本来は強者に対抗して戦うものであろうが、ドイツもイタリアも、また日本も、まず弱者を武力で屈服させることに狂奔《きょうほん》したのであった。

昭和七年秋、井上の妻喜久代の病は重かった。そのとき井上は海軍大学校の戦略教官をしていたが、海軍省から、軍務局第一課長就任の内示があった。井上は、

「妻の病が重くて危険だから、そのような激職は、しばらく勘弁してもらいたい」

と、人事局に願い出た。

しかし、軍務局長の寺島健少将は、どうしても井上を第一課長にもらいたい、と要請した。人事局からの再度の催促に、井上は、かさねて、

「どうか、勘弁してもらいたい」

と、願い出た。しかし許可されなかった。井上は、

「海軍省はなんと冷たいところか」

と落胆した。

十一月一日、井上の第一課長就任の辞令が発表された。軍務局第一課長といえば、

やがては海軍大臣というコースである。友人たちから、栄転を祝う電報が多数舞いこんできた。

その最中に喜久代は死んだ。

井上は、

「なにがめでたいか」

と、口惜《くや》し泣きに泣いたという。

喜久代は井上にとって、かけがえのない妻であったらしい。

昭和二十八年に富士子と再婚したが、それまでの約二十年間、いわゆるツヤダネが一つもない。「そんなことはあるはずがない」と思って私はいろいろ調べてみたが、みつからなかった。

戦中戦後、井上は、横須賀《よこすか》の料亭「小松」の女将《おかみ》山本直枝と親しくつきあっていた。兵学校第七十三期の深田秀明は、戦後井上ともっとも接触が多かった一人で、伝記刊行会の『井上成美』編集の中心人物である。彼は、山本直枝とも、なんども顔をあわせていた。井上の晩年のことだが、あるとき深田は直枝に、

「あなたは井上さんと寝たことがあるんでしょう」

と、聞いてみた。すると直枝は、血相を変えて、

「井上さんはそういう人ではありません」

と、怒ったという。

別の日に深田は、井上に、

「小松の女将は、校長のインチ（筆者註・intimate 馴染《なじ》み）だったんじゃないですか」と、聞いてみた。

すると井上は、ムッとして横を向き、返事をしなかったという。

後日、深田は、前記の元海軍大佐小田切政徳から、井上の伝言を聞かされた。

「ああいうハシタないことを人に聞くものではない。聞く者の人格が疑われる。私にだけならまだしも、直枝さんにまであいうことを聞くとは情ない。直枝さんには気の毒だった」

という趣旨のものだった。

深田は、それによって、二人は深い仲ではなかったのか、と思ったという。

しかし、こんなことで顔色を変えたり、怒った顔をするというのは、井上にしても直枝にしても、大人げがなさすぎやしないかと、私などは思う。

井上は、まじめすぎるというか、潔癖すぎるというか、一途すぎるというか、そういう「過ぎる」人物だったのであろうか。

前記の妹尾は、井上の死後、初七日の日、未亡人の富士子が、ほとんどの客が帰ったあと、近所の未婚の大田和子やきくちゃんと呼ばれる娘など三、四人が残っている前で、

「若い人がいるところで何だけど、主人と私は何もなかったんですよ」

と、どういう心情からか、わびしげにいったのを聞いた。

妹尾は、

「再婚したころは、井上さんが六十三歳、奥さんが五十三歳だった。奥さんは、それを期待していた様子だったなあ」

といっている。

井上と喜久代の間には、靚子《しず》という娘ができたのだから、これは、夫婦関係があったことはまちがいない。

すると、喜久代の死後井上は、自分が死ぬまでの四十三年間、喜久代に節操をたて通したというのであろうか。

ついでだからここで、井上とは正反対の天衣無縫のご仁を紹介したい。

井上と兵学校同期で、井上のまえの海軍兵学校長で、そのあと南東方面艦隊司令長

パー〟を贈った。すると彼は、みんなにこういった。

「この〝オールド・パー〟のパーとは何か、君らは知っとるか。

パーというのはイギリスのじいさんの名前じゃ。このじいさんは、百何十歳まで生きたんじゃ。

そこで、ここんところがカンジンなんじゃが、彼は百歳のときに子どもをつくっとる。それも、隣りの家の若いカミさんの腹につくったんじゃ。

今日はワシは、君たちから〝オールド・パー〟をもらって、ひじょうにうれしい。ワシもひとつパーじいさんにならって、百歳で子どもをつくることにしよう」

深い悲しみの中で井上が軍務局第一課長になったのは、五・一五事件の六ヵ月あとであった。井上は仕事にとりかかったが、その手はじめが、つぎのことであった。

「五・一五事件にとりのこされた陸軍の連中は、いつかは事を起こすにちがいない。こんど陸軍がやれば、五・一五事件とちがって、兵力まで使うかもしれない。

その場合、万一彼ら不逞《ふてい》の徒に海軍省が占拠されるなどのことがあっては、海軍の名おれであるだけでなく、事は政治的にも重大である。だから海軍省を海軍の兵力で守る必要も起こりうるので、いまからその準備だけはやっておく必要がある」

こうして井上は、海軍省構内にある東京通信隊に小銃二十梃《ちょう》を持たせることにし、局長、次官、大臣に話して許可をえた。また、軍事普及・宣伝の名目で、戦車一台を海軍省に常置させることにした。

そのころ中国は、日本陸軍が黒幕となってつくった満州国を承認せず、中国軍を満州国内の熱河省に駐留させていた。日本政府はたびたびその撤去を迫ったが、中国は応じない。

昭和八年二月、陸軍は関東軍に中国軍の排除を命じた。

関東軍は、待ってましたと中国軍を追い、「満支国境を越えることを禁じた」政府方針を、例によってかるく無視して、国境の万里の長城線を越えて、北支（華北）に侵入した。

井上は国際的影響を考えて、陸軍省軍事課長山下奉文《ともゆき》大佐に、

「政府の方針に従わぬ出先の不逞の徒は、海軍として海外警備の任務上これを砲爆撃することあり得べし」

と、明治の山本権兵衛にならった書信を送り、関東軍に越境をやめさせ、北上させるように申し入れた。しかし、なんといっても海軍大臣が大角岑生《おおすみみねお》大将という、権兵衛とは月とスッポンの人物でしかなかったので、井上の申し入れも陸軍にとっては豆

鉄砲ぐらいのキキメもなかったようである。

井上が職と命を賭《と》さねばならない大問題がふりかかってきたのは、それからまもない昭和八年三月二日のことであった。

軍令部が、その権限拡大を目的として、「海軍軍令部条例」と「省部（筆者註・海軍省と軍令部）事務互渉規程」の改定を海軍大臣あてに申し入れてきたのである。

軍令部の要求は、海軍兵学校第三十七期会会誌『海軍生活の思い出　続篇』に掲載された井上の「思い出の記　続篇」によると、こうである（わかりやすく書きなおした）。

「統帥に関する事項の起案伝達などの権限はぜんぶ軍令部によこせ。警備も統帥だ。実施部隊の教育訓練も統帥だ。兵科将官および参謀の人事は軍令部にその起案権をよこせなど。海軍伝統の習慣や解釈をまったく無視した、まことに傍若無人な、まるで海軍大臣に反旗をひるがえしたにひとしい乱暴きわまるものであった」

時の軍令部長は伏見宮博恭王《ふしみのみやひろやす》元帥であり、軍令部次長が兵学校第二十九期の高橋三吉中将で、つまり、東郷平八郎・加藤寛治・末次信正たちとおなじく軍拡対米決戦を期す艦隊派の代表であった。

伏見宮が軍令部長になったのは、昭和七年二月で、この人事は大角岑生海相によって行なわれたが、それは陸軍が昭和六年十二月に閑院宮載仁《かんいんのみやことひと》親王元帥を参謀総長にまつり上げたことにならうというものであった。陸軍は従来、大陸で天皇の名を借りて悪業を重ねてきたが、今回閑院宮を参謀総長に据えることによって、その名を借り、さらに権力をほしいままにしようというのであった。

加藤・末次らはそれに目をつけ、東郷にも話をつけ、大角に要求して、穏健な谷口尚真《なおみ》をはずし、伏見宮を軍令部長にまつり上げさせたのである。そのついでに、やはり穏健な百武源吾《ひゃくたけげんご》をはずし、バリバリの艦隊派である高橋三吉を軍令部次長にさせたのであった。

伏見宮は、ワシントンおよびロンドン海軍軍縮条約に不満であり、それは加藤友三郎以来の海軍大臣の弱腰のせいであり、それを改めるには軍令部の権限を、陸軍参謀本部なみに拡大させるしかないと考えていた。

そのために、軍令部長になるやいなや、新次長の高橋に、「軍令部条例」改定について、

「私の在職中でなければ恐らく出来まい、是非やれ」

と命じたのであった。皇族の名によって海軍省を服従させよというのである。それ

に力を得た高橋が、「戦時大本営編制」「戦時大本営勤務令」の改定を強行し、ついで昭和七年五月から海相となった岡田啓介が、

「こんな乱暴な案を見たことがない。不都合千万ではないか」

と反対した「軍令部編制」改定案も、宮様の威光を笠に着て、押し通してしまった。

そこでいよいよ「軍令部条例」と「省部事務互渉規程」の改定となった。

常識人の岡田海相が、昭和八年一月に退き、ふたたび事大主義者で艦隊派寄りの大角が、岡田にかわって海相になっていた。

だが井上は、伏見宮・高橋・大角間のイキサツも承知の上で、伏見宮の代理で高橋が持ってきた「軍令部条例」「省部事務互渉規程」改定案に真っ向から反対した。

元海軍少将高木惣吉《そうきち》筆録『軍令部改正之経緯』によると、井上の主張はつぎのとおりであった。

一、兵力の準備は海軍省が担当し、その準備をされた兵力を軍令部が活用するというのが本来の姿である。統帥幕僚たる軍令部としては、準備の範囲まで自分の手に収めた方が便利であると考えるのも無理からぬところである。しかし、兵力の準備は経費と密接な関係があり、海軍省の手から離す訳にはいかない。これは国務大臣たる海軍大臣の、憲法上の輔弼《ほひつ》の責任範囲に入る。法律的見地から言えば、

自分が責任を負うべきものは自分が起案して上奏、裁可を仰ぎ、自分が実行すべきである。すなわち兵力の準備は海軍大臣が行なうべきである。

二、軍令部の要求のように大臣の権限を大幅に縮小することは、一部に台頭している文官大臣論に有力な論拠を与えることになる。

三、軍令部長は天皇に対してのみ輔翼《ほよく》の責任があり、憲法上の機関でないから法の上での責任をとらない。憲法上、議会に責任を持つ国務大臣としての海軍大臣の部下でもない。大臣の監督権も及ばないこの軍令部長に、予算と人事をも含む強大な権限を与えることは、軍令部に独走を許し、果ては戦争につながる危険がある。

元来軍令部は、なんといおうと戦争に勝ちたい、そのためにはもっと強くなりたいという意志を持っている。そこで軍備を拡大し、軍事を優先する国家になってもらいたいと思っている。つまり、本質的に軍拡論者である。このようなものに、強大な権力と金を与えるとしたらどうなるか、いうまでもないことであろう。

軍令部は、政治・経済・外交などをひっくるめた国政にたいして責任を持つ海軍大臣の統制に従うべきものである。

東郷連合艦隊司令長官も、山本権兵衛海相の統制に従ったからよかったわけで、逆のことをやったならば、大まちがいになったにちがいない。

井上の交渉相手は、軍令部第一班第二課長で兵学校第三十六期の南雲《なぐも》忠一大佐であった。南雲は井上の一年先輩であったが、井上が軍令部案を承知しないので、「貴様の机をひっくり返してやる」とか「短刀で脇腹《わきばら》をざくっとやればそれっきりだ」とか「殺してやる」とか、ヤクザのように井上をおどしたらしい。するとあるとき、井上は、

「そんなオドシでへこたれるようで、今の職務がつとまるか。これを見せてやる」

といって、かねて用意の遺書を南雲に見せた。

「井上成美遺書　本人死亡せばクラス会幹事開封ありたし。

一、どこにも借金なし

二、娘は高女だけは卒業させ、出来れば海軍士官へ嫁がせしめたし」

これでさすがの南雲も井上を屈服させることを断念した。

「軍令部条例」「省部事務互渉規程」改定の件は、この年昭和八年八月、伏見宮軍令部長が大角海相をよびつけ、

「この案が通らなければ、私は軍令部長をやめる」

とおどしたところで頂点に達した。そこで大角が、

「お辞めになりたければ、やむをえません、どうぞお辞めください。たとえ殿下がなんと申されましょうと、この案を承認することはできません。この案は国を危くするものだと固く信ずるからでございます」

ぐらいのことをいえば、大角も山本権兵衛、加藤友三郎とともに一等大将として後世に永く語り伝えられたにちがいない。

ところが大角は、やはり三等大将にすぎなかった。

「それほどまでに申されるならば」

と、たちまち降伏したのである。

大臣が降伏したので、次官の藤田尚徳中将（第二十九期、のちに大将）も軍務局長の寺島健少将（第三十一期、のちに中将）も白旗を揚げることにした。

ところが井上だけはただ一人、頑としていうことをきかない。

九月十六日、軍務局長室によばれた井上は、寺島に肩をたたかれ、そばの藤田や榎本書記官にも宥《なだ》め顔をされたが、

「私は自分で正しくないと思うことはどうしても同意できません。私は自分を別段と

りえのある人間とは思っておりませんが、今日までただ、〝正しきに強い〟ということを守って御奉公して参りましたし、また自分の見る所、当局もそれを認めて今日まで優遇してくれたのだと信じております。したがって、自分が正しくないと信ずることに同意しろと言われるのは、この井上に節操を捨てろと迫られるに等しいのであります。私は節操を捨てたくありません。この案を通す必要があるなら、一課長を更《か》え、この案に判を押す人を持って来たらよいと思います。私としても、今日の事態に立ち到らしめた責任は感じております。今までは正しいことなら通る海軍と信じて愉快に御奉公して参りましたが、こんな不正が横行するような海軍になったのでは、私はそんな海軍にはいたくありません」(「思い出の記」傍点原文)

といい張ってうごかなかった。

九月二十日、たいていの者が羨望《せんぼう》する軍務局第一課長の職を、海軍大学校の同期生で恩賜の軍刀を受けた阿部勝雄大佐(第四十期)にひきついだ井上は、横須賀鎮守府付となって、つぎの命を待つ身となった。

九月二十三日、大角は、「海軍軍令部条例」と「省部事務互渉規程」の改定案の允《いん》裁《さい》を仰ぐため葉山の御用邸に行った。天皇は、

「一つ運用を誤れば、政府の所管である予算や人事に、軍令部が過度に介入する懸念

がある。海軍大臣としてそれを回避する所信はどうか」

と指摘し、一件書類をいったん差しもどした。大角は恐懼《きょうく》して引きさがったという。

翌日、再上奏してようやく裁可になったが、天皇が提出された書類を差しもどすというのはほとんど例がなく、よくよく危険を感じたからであろう。それならば大角が軍令部案をつぶせばよかったのだが、大角も歴代陸軍大臣とおなじように、天皇よりも部内の有力勢力の方が恐ろしかったのであろう。

井上は、同期で海軍省先任副官の岩村清一大佐（のちに中将）から、一件書類差しもどしの話を聞かされ、感動したらしい。

本書のはじめに、同期の高田と昭和四十五年五月九日に井上を訪問したときのもようを書いたが、その折り私が、

「校長は天皇をどうお考えですか」

と質問したのにたいして、

「なかなかの名君ですよ」

というこたえが返ってきておどろかされたが、井上はこの一件についても、そう感じたようである。

しかし、「新軍令部令」と新しい「海軍省・軍令部業務互渉規程」は、昭和八年十

月一日施行となった。これによって、兵力量の起案、参謀人事、警備艦船の派遣など、広範囲にわたって海軍省の権限が軍令部にうつり、省部の力関係が大きく変わった。そして、「海軍軍令部」が「軍令部」に、「海軍軍令部長」が「軍令部総長」に改称された。

軍事第一主義の軍令部が強大となったために、海軍省は軍令部を統制することがむずかしくなり、海軍が陸軍化しはじめ、海軍部内に軍拡対米決戦思想がひろがるようになった。

また、これがきっかけで、海軍大臣をえらぶについても、前任者が後任者を推挙して、伏見宮の同意を得なければならないという不文律ができた。いってみれば、海軍大臣が軍令部総長に支配されるということであり、海軍省が軍令部に支配されることであった。

さらに、海軍首脳人事についても伏見宮の同意が必要となり、伏見宮の意向一つで、どんな人物もクビにされることになった。

現に、艦隊派と対立してロンドン条約締結を推進した当時の海軍次官山梨勝之進《かつのしん》中将（第二十五期、のちに大将）、同会議首席随員左近司《さこんじ》政三《せいぞう》中将（第二十八期）、軍務局長堀悌吉《ていきち》少将（第三十二期、のちに中将）や、軍令部条例改正に反対した寺島健中将（第三十一期）らが、つぎつぎに大角によってクビにされ、予備役となったのである。すべて伏見宮の意向によるものであった。

山本権兵衛、加藤友三郎が築いた合理主義海軍はこうして崩れた。

満州問題、中国問題で世界各国の非難を浴びた日本は、各国との協調の道を取らず、昭和八年三月には国際連盟を脱退し、孤立化の方向へすすんでいた。

これに歩調を合わせるかのように、同月、ドイツではヒトラーのナチス党が政権をにぎり、ベルサイユ体制打破をさけび、十月には国際連盟および軍縮会議からの脱退を声明した。

日本経済の破綻《はたん》を救い平和を守るという意図で締結されたワシントン・ロンドン両軍縮条約は、いまや「不合理なるワシントン条約と不公正なるロンドン条約」という声の高まりによって、改正ないし廃棄が要望されるようになっていた。

昭和十一年一月十五日、日本は米英との意見が一致せず、ついに軍縮会議から脱退し、ワシントン・ロンドン両条約は同年十二月三十一日で無効となり、その後の世界は無条約時代となる。

日独伊三国同盟つぶしの急先鋒

横須賀鎮守府付となった井上は、クビにならず、出世コースの戦艦比叡《ひえい》艦長に発令された。さすがの伏見宮や大角も、井上の職を賭《と》しての愚直さに気が咎《とが》めたのであろうか。

当時の海軍では、将官となるには、大艦艦長二年以上の海上勤務が必要とされていた。井上は少将への進級が約束されたのである。

昭和八年十一月十五日付の「補比叡艦長」の辞令をうけた井上は、二日後の十七日、横須賀軍港の比叡に乗艦した。

戦後井上が、

「比叡艦長の時代が私の海軍生活でいちばん楽しいものでした。一城の主というものでした」

と語る、平和でのびのびした艦長生活が、それから昭和十年八月までつづく。

その間、井上がとくに気を配ったのは、比叡の若い士官たちが右翼思想に汚染されるのを防ぐことであった。井上は彼らに、陸上での怪しげな会合に出席することを禁じた。そのかわり、「大いに遵法精神を吹きこんでおこう」と、自分で精魂こめて書いた「勅諭衍義《えんぎ》」を印刷し、それを士官全員に配布した。「軍人勅諭」の平易で具体的な解説書である。

五・一五事件に刺激されたテロ行動を警戒した井上は、若い者たちに、

「軍人が平素でも刀剣を帯びることを許されているのは、国を守るというきわめて国家的な職分を担っているからである。統帥権の発動もないのに勝手に人を殺せということではない」

と、くりかえし話した。

井上は、下士官兵には思いやりを示した。兵員室にラジオを設置した。乗員の家庭に不幸があると、弔辞または弔電と香料を忘れずに贈った。入院者が出ると見舞品を贈り、公傷者や重症者にたいしては、かならず病院まで見舞いに行った。下士官兵が退艦するときは、兵一人の場合でも、わざとらしくなく後甲板に出て、丁寧にこれを

見送った。

昭和九年五月三十日、東郷平八郎元帥が死去した。喉頭癌《こうとうがん》で、八十八歳であった。

横須賀長井の家が完成したのは、そのすぐあとの六月半ばのことであった。

「喜久代のためにここに家を建てようと思っていたのに、それを待たずに喜久代は亡くなってしまった。かえすがえすもかわいそうなことをした」

と、井上は親戚《しんせき》の甥《おい》や姪《めい》に、悲しげに語った。

娘の靚子《しずこ》は、東京・西大久保の阿部信行の家からお茶の水高女に通っていたが、土、日曜日には新しい家に来て、井上と暮らした。

昭和十年十一月十五日に井上は海軍少将に進級し、横須賀鎮守府参謀長となった。翌月十二月二日には、末次信正大将にかわって、米内光政中将が新司令長官として着任した。

それから二ヵ月あまりの昭和十一年二月二十六日早朝、井上が予測したように、陸軍青年将校らによる二・二六事件が起こった。

彼らは下士官兵約一千四百名をひきいて、首相・蔵相・内大臣・侍従長・陸軍教育総監の官邸、警視庁、朝日新聞社などを襲撃した。

岡田啓介首相身代わりの秘書官、高橋是清《これきよ》蔵相、斎藤実《まこと》内大臣、渡辺錠太郎陸軍教育総監の四人が殺害され、鈴木貫太郎侍従長が重傷を負わされた。

その後反乱軍は永田町一帯を占拠し、陸軍中央（筆者註・陸軍省・参謀本部）に「国家改造」を要求した。

井上は、予定の手を打った。

砲術参謀を実情調査のため東京へ急派。

掌砲兵二十人を海軍省に派遣。

緊急呼集。

特別陸戦隊用意。

軽巡「木曾《きそ》」出港準備。

麾下《きか》各部自衛警戒。

などである。

長官の米内は午前九時すぎにのっそり出勤してきて、井上に聞いた。

「陸軍が宮城を占領したら、どうしようか」

「もしそうなったら、どんなことがあっても陛下を比叡（お召艦の戦艦）においで願いましょう。そのあと、日本国中に号令をかけなさい。陸軍がどんなことをいっても、海軍の兵力で陛下をお守りするのだと。とにかく軍艦に乗っていただければ、もうしめたものだ」

「そうか、貴様、そう考えているのか。ようし、俺も肚《はら》が決まった」（『歴史読本』昭和四十五年九月特別号「沈黙の提督真実を語る――井上成美・新名丈夫対談」による）

事件は、天皇の不動の決意によって、四日間で鎮定された。井上は、事件にたいする長官訓示を、三晩徹夜で書きあげ、それを米内に見せた。米内は、

「これでよし」

といって、一字も直さなかった。

井上が書いた長官訓示の論旨は、事件を起こした陸軍将校一味は「逆賊」として対処すべしというもので、理路整然たる文章であったという。この訓示は鎮守府麾下各部に配布され、部内の意志統一がぴしゃりとできたそうである。

横鎮参謀長時代の井上は、米内とともに、横須賀の料亭「小松」や「魚勝」によく出かけ、芸者を侍《はべ》らせて遊興した。井上は酒はあまり飲めないし、女も苦手のようだが、遊興は嫌いではなく、けっこう楽しんだらしい。しかし、女を抱いたり、ネンゴ

ロになったりはしない、カタブツであった。

だが、その井上が、まったくその気がなかったかというと、そうでもなかったらしいという話がある。

作家の阿《あ》川《がわ》弘之《ひろゆき》が、それについて、二つの逸話を書いている。

彼は、月刊の『新潮』に「井上成美」を連載した。昭和五十九年二月号の『新潮』が第九回目だが、そこに、井上がめずらしく好きごころを起こして、若い美人芸者を抱こうとしたという記事が載っている。二・二六事件のあとの昭和十一年春ごろのことらしい。井上は、ある晩、「小松」のチーフメイドを通じて、ひいきの若いナイスな今若というS（芸者）を指名した。ところがサックを持っていないので、今若に帳場へ行ってもらってくるようにいったが、今若は恥ずかしがって行かない。なくてもいいじゃありませんかというが、そうなるとこんどは井上が承知しない。とうとうせずに終わったが、今若はおつとめもしないのに十五円の枕《まくら》代をもらったまま、大喜びで帰って行った。井上は、それっきり二度と、今若とストップ（お泊り）したいといわなかった、というような話である。

ありそでなさそで、というような気もするが、出所は明らかにされていない。

もうひとつは、米内がネンゴロにしていた芸者のことで、井上が気を病むという話である。『米内光政』上巻（新潮社）に書いてある。

昭和八年に第三艦隊司令長官として上海にいた米内は、五郎という芸者と馴染《なじ》みになる。その五郎が米内を忘れられなくて、横須賀にやってきた。下手をするとスキャンダルになるので、副官たちができるだけ会わせないようにした。ところがたまたま座敷で出会うと、米内は困った顔もしないで、ほかの芸者とおなじように扱う。

米内のクラス（第二十九期）メイトも、井上も頭を痛めた。

ある晩、米内と、米内の同期の荒城二郎中将と井上の三人が、今若や栄香らを侍らせているとき、荒城が、

「米内、何とか考えにゃいかんよ。ありゃ困るよ」

といった。すると井上が、

「そうはいっても、世の中男と女だもんね」

と、つぶやくように口をはさんだ。カタブツで聞こえた井上参謀長が珍しいことをいったので、一番若い栄香が、「ウフフン」と思わず笑った、というような話である。どっちにしても井上は、女にかけては「おかしなかた」という人物なのであろうか。

昭和十一年十一月二十五日、日独防共協定が調印された。

米内は、

「特定の国とむすんで特定の国を敵視するのはよくない。なぜソ連と手を握らないか」

といった。

このころの井上は、満州事変以来の国際的孤立状態からの脱出と、共産主義に反対の立場から、賛成と思っていた（防衛庁戦史部野村実取材による井上成美戦後談）。

昭和十二年七月七日、北支の盧溝橋《ろこうきょう》付近で日中両軍が衝突し、支那事変（日中戦争）が勃発《ぼっぱつ》した。八月には上海で日中両軍が衝突し、全面戦争の様相を帯びるようになった。そのために、同年十一月には、宣戦布告のない事変であるのに大本営が設置された。

十一月六日、日独防共協定にイタリアも加わり、日独伊防共協定となった。

支那事変にたいして、イギリス、フランス、アメリカは、それぞれ中国内に権益を持つために、蔣介石《しょうかいせき》を援助し、日本を非難しつづけた。日本は、それらの行為は不当であると反撃したが、多勢に無勢であった。

日独伊は反英米仏ということで同調し、やがて、防共よりも英米仏にたいする三国軍事同盟へすすみはじめた。そうなると井上も、賛成どころか、一転して断じて反対となった。

昭和十二年十月二十日、海軍少将井上成美は海軍省軍務局長に就任した。海軍大臣が米内光政大将、海軍次官が山本五十六《いそろく》中将で、井上は米内の指名であった。

米内・山本・井上は、海軍省詰の記者たちから、〝左派トリオ〟といわれた。三人の意見は、日独伊三国同盟反対、日米英不戦ということで、ぴったり一致していた。それが、ドイツ・イタリアと軍事同盟をむすび、アメリカとソ連の脅威をなくして（なくせると思うのは陸軍の独善的な考え）、支那事変を軍事力によって一挙に解決しようという陸軍と、真っ向から対立した。

つまり、陸軍が右、海軍が左であった。

ただし、海軍部内にも陸軍の同調者がいるから、それは右派で、この三人および同調者が左派であった。

米内の三国同盟反対の理由は、高木惣吉写・実松編『海軍大将米内光政覚書』（産経NF文庫）のなかにある米内海相・板垣陸相対談での米内発言に、くわしく示されている。

「ソ連と英国をいっしょにし、これを相手とする日独伊の攻守同盟のようなものは絶対に不可である。自分の見解によれば、英国は現在のところ、日本と衝突するようなことはない。

日本が中国に対して望むところは〝和平〟にして、排他独善の意志は持っていない。英国にしてわが真意を諒解《りようかい》できたならば、両国の関係は徐々に好転するであろうし、しかも両国はいまやこの好転の機運を助成することに努力しつつある。

日本が中国に権益を持っていない他国と結び、最大の権益を持っている英国を中国から駆逐しようとするようなことは、ひとつの観念論にほかならない。また、日本の現状からみても出来ることでもなければ、なすべきことでもない。

独伊と結んだからといって、中国問題の解決になんの貢献するところがあろうか。よろしく英国を利用して中国問題の解決をはかるべきである。

また米国が、現在のところ中国問題に介入しない態度をとっているのは、中国における列国の機会均等・門戸開放を前提としてのことである。もし某々国にしてこの原則をやぶるようなことをあえてしたならば、米国は黙視しないであろう。この場合、米国は英国と結ぶ公算が大きい。

中国問題について、日本はたとえ独伊との了解があったとしても、英米を束にしてむこうにまわすこととなり、なんら成功の算を見出しえないだけでなく、この上もなく危険である。かりに英米は武力をもってわれに臨まないにしても、その経済圧迫を考えるとき、まことに憂慮にたえないものがある。

（中略）つぎに独伊はどうした理由によって、日本に好意をよせようとするのか。好意というよりは、むしろ日本を乗じやすい国として自分の味方にひきいれようとするのか、もっと冷静に考察せねばならぬ。

ドイツはハンガリー、チェコを合併して大戦前における独墺《どくおう》合併の大国となろうとし、あわよくばポーランドをも併合し、さらにすすんでウクライナをその植民地とし、こうして、いわゆる欧州における新秩序を建設するための前提となし、また、中国においては相当な割前を得ようとするだろう。

イタリアは将来スペインに幅をきかし、これを本国と連絡させるため（リビアのことも考えられ、またマルタ島の攻略も夢みるであろう）地中海において優位を獲得し、中国においては、これまた相当の割前を得ようとするだろう。

（中略）日独伊の協定を強化し、これと攻守同盟を締結しようとするようなことは、それぞれの国がその野心をたくましくしようということにほかならない。独伊と結んで、どれほどの利益があろうか。しかも前記の利害を計較したならば、結局のところ馬鹿をみるのは日本ばかりという結果になるだろう。

自分としては、現在以上に協定を強化することは不賛成であるけれども、陸軍の播《ま》いた種をなんとかして処理しなければならないという経緯があるならば、これまでどおり、ソ連を相手にすることにとどめるべきである。もし英国までも相手にする考えであるならば、自分は職を賭しても、これを阻止するであろう」

山本の反対理由は、昭和四十三年九月二十九日、井上家を訪ねたときに、井上から聞いたもので、

「山本さんは、三国同盟を結べばアメリカと戦争になるが、日本はアメリカには勝てないということだった」

という、かんたんなものであった。

井上自身のは、

「三国同盟をむすんでも、ドイツ・イタリアを得させるだけで、日本は火中の栗を拾わされ（筆者註・米英と戦わされ）、何の得もしない。また、中国・イギリス・アメリカ相手の戦争は大義名分が立たない（筆者註・日本の独立を守る戦争ではない）。大義名分が立たない戦《いくさ》では、国民が支持しないからだめだよ」

というものだった。

防衛庁戦史部の『大本営海軍部　大東亜戦争開戦経緯(1)』のなかでは、井上はこう

いっている。

「日本が亡びるようなときは戦争もやむをえないし、部下に死地に赴くよう命令もできる。しかし、国策（筆者註・アジアを支配しようという）の延長として独伊と結び、戦争に入るのは許せない」

伝記刊行会『井上成美』は、つぎのとおり書いている。

——井上は三国同盟締結の得失をこうみていた。

第一に、日本経済は、そのほとんどすべてを米英圏に依存して成り立っている。とくに、海軍にとって最も重要な鉄と油はアメリカから購入している。ドイツと手を結ぶことは、イギリスを敵に回すことになり、ひいては同根の国アメリカも敵側にしてしまう。これは、鉄と石油を断たれることを意味する。とすれば、戦《いくさ》などできるわけがない。では、ドイツ、イタリアが米英圏に代わって日本経済を支えることができるかといえば、これは全く期待できない。

第二に、軍事的にみてどうか。極東の日本が、地理的に遠く離れたヨーロッパの独伊と組んで、お互いどれほど助け合えるだろうか。ドイツ海軍には、太平洋に割《さ》き得る余力はほとんどなく、わずかな隻数のUボートぐらいのものであろう。貧弱なイタリア海軍に至っては論外である——

（第三の心理的問題については、ヒトラーの『マイン・カンプ』などのことで、これは五・一五事件のところですでに書いたので、省略する）

一方、二・二六事件で天皇からきびしく戒められた陸軍は、その後どうなったか。

同事件直後の昭和十一年三月四日、広田弘毅《こうき》内閣が生まれ、寺内寿一《ひさいち》陸軍大将が陸相となった。木場浩介は、『野村吉三郎』に、そのころの陸軍省詰記者の話をこう書いている。

――陸相に就任間もない寺内の後を追って、新聞記者の一団が陸軍省にやって来たら、奥へ消えようとする陸相とすれ違いに現われた軍事課長の武藤章《あきら》が、軍の声明書のようなものを記者団に手渡した。それを見た寺内が引き返して、「何だね？」と、武藤と記者たちの顔を半々にながめながらたずねた。その時、武藤は、「ああ、これはまだ大臣にお見せしてなかったですね」と、平然といい放ちながら、手にした一枚の印刷物を寺内陸相に渡した、というのだ。この一シーンこそ、当時の陸軍の偽らぬ実相であった。かりそめにも陸軍が天下に向かって公けにする声明書を、下僚輩が独断でつくりあげ、大臣の眼《め》にも触れさせず、勝手に発表して恬然《てんぜん》として省《かえり》みるところがなかったのだから、まことに怖《おそ》るべき時代であったといわねばなるまい――

前記元海軍大佐の実松譲は、『新版米内光政』で、支那事変直後の陸軍省内の動きについて、

——下剋上《げこくじょう》の勢いはすこしも衰えなかった。いや、国際情勢の不安化につれて、ますます強まる傾向さえみられた。

陸軍の政治干渉をうけた広田内閣が誕生した明くる年の昭和十二年七月七日、日華事変の発端となった盧溝橋事件が勃発した。

七月十六日、陸軍省の後宮軍務局長（筆者註・淳、陸軍少将）は、外務省東亜局で、対南京政府（筆者註・蒋介石政権）交渉案の基礎をなす中国側の提案について協議した。

その結果、このさい先方（筆者註・中国側）の提案を承認することに意見が一致した。だが、軍務局長が陸軍省にもどると、

「陸軍では、すでに方針が決定しているので、さきほどの話し合いは全部水に流されたし」

と、電話で取り消してくる（筆者註・後宮が陸軍省から外務省東亜局に電話をかけてきて）いったい陸軍の方針とは何であるのか、軍務局長の参加なしに決定された方針なるものがありうるのであろうか。そこには正体の知れぬ「軍」がすべてを動かし

ていたことは前にふれておいた。それは満州事変いらいつちかわれた下剋上（筆者註・佐官クラスによる）の勢いである――

と書いている。

高宮太平著『米内光政』には、こんなことが書いてある。

――昭和二十三年五月二十四日、東京都港区芝青松寺で、米内光政の追悼会が行なわれた。その会のあとで、緒方竹虎《おがたたけとら》が主宰して、「米内さんを偲《しの》ぶ」座談会が開かれた。出席者は、下村宏《ひろし》、石渡荘太郎、有田八郎（筆者註・元外相）、左近司政三、八角《やすみ》三郎、広瀬久忠、荒城二郎（筆者註・米内とおなじ兵学校第二十九期、中将）などの諸氏である。その席上での一こま――

荒城　米内君が、陸軍では大臣が公開の席で明言したことも、役所にもどって下僚からなにかいわれると、すぐ前言をひるがえしてしまうといっていたが……

有田　八月八日（筆者註・昭和十四年）の五相会議のときだって、従来自分が主張し何べんか判を捺《お》しているのをガラッとひっくりかえすんだ。米内さんが、「板垣君はこの間、こういう案に花押を捺していながら、きょうは全然違ったことを言っているが、どうしたわけだ。五相会議のメンバーとして、君はいったいどっちだ」といったら、「陸軍大臣としてはあちら（筆者註・このあいだ花押を捺した方）が賛成、軍の総意としてはこちら（筆者註・今日いっている方）に賛成」とぬけぬけいうから、「いや、君自身の意見はどっちなんだ」と追及すると「両方だ」という。全く反対のことに、どちらにも賛成というんだから、かなわん――

板垣というのは板垣征四郎陸軍大臣で、かつて関東軍高級参謀のとき、石原莞爾《かんじ》中佐とともに満州事変の陰謀を画策した人物である。

日独伊三国同盟については、陸海の意見が長いあいだ一致しなかった。昭和十四年六月三日、五相（平沼騏一郎《きいちろう》首相・有田八郎外相・石渡荘太郎蔵相・板垣征四郎陸相・米内光政海相）会議で、つぎの条件が三国間で確認されるならば、締結をすすめてもよいと、ようやく一致決定した。

一、ソ連、またはソ連をふくむ第三国と独伊との戦争の場合、日本は独伊側に立ち、かつ武力援助する。

二、ソ連をふくまない第三国の場合

イ、意志において独伊側にくみし、英仏側に加わらず。

ロ、その意思表示も、一般情勢上、日本が無言のうちにソ連を牽制《けんせい》することが有利なら、意思表示も行なわないことにする。これは独伊側と協議して決定する。

ハ、行為としては、日本は現在および近い将来、有効な武力援助はできない。しかし、武力以外の援助は与える。

ところが日本陸軍は、ドイツはイギリスをふくめた全ヨーロッパを征服するというヒトラーを信用するようになっていたために、右の条件では承知しない。ドイツのいいなりの条件、つまり、独伊が英仏と戦う場合でも日本は自動的に参戦する、という無条件軍事同盟をむすぶことをのぞんだ。

前記、荒城・有田の会話に出てくる昭和十四年八月八日の五相会議では、板垣陸相は、そのような陸軍内部の事情によって、六月三日の五相会議で花押まで捺したものをガラッとひっくりかえし、

「ただいま申し上げた線での日独伊三国軍事同盟即時締結が〝軍の総意〟である」

と、平沼首相、有田外相、石渡蔵相、米内海相らに向かって強硬に主張した。

そこで、石渡蔵相は、

「同盟をむすぶ以上、日、独、伊の三国が英、仏、米、ソの四国を相手に戦争をする場合のあることを考えなければならない。この場合、戦争は八割まで海軍によって戦われると思う。ついては、われわれのハラをきめるために、海軍大臣の意見を聞きたいのだが、日独伊の海軍としては、英米仏ソの海軍と戦って、われわれに勝算がある

のか、どうか」

と質問した。

すると米内は、

「勝てる見込みはありません。だいたい日本の海軍は、米英を向こうにまわして戦争するように建造されておりません。独伊の海軍にいたっては、問題になりません」

と、一同が目を丸くするぐらい、明けっぴろげにこたえた。

この日の五相会議は、三国同盟の条件を、後日再検討するということで散会となった。

ところが、八月二十三日、とつぜん独ソ不可侵条約締結のニュースが入り、ソ連を想定敵国と考えていた日本政府は仰天した。ドイツからは、これについて、事前に明《めい》瞭《りよう》な通告は一言もなかった。

天下に不明をさらした平沼内閣は、その責任をとって総辞職することになった。

平沼の見解は、

「陛下があれほどいやがっておられたのを、無理に交渉をすすめて、こういう結果になったのだから、臣子の分として恐懼《きようく》に堪えない」

という趣旨のものであった。

だが、三国同盟促進の張本人である陸軍は、「ドイツを見る目がなく、めいわくをかけて、申しわけがない」などとはいわなかった。「さっさとドイツのいうとおりに同盟をむすばないから、こういうことになるのだ」といわんばかりであった。

みんながカリカリしているなかで、有田外相だけは、

「陸軍がやっきになり、脅迫がましいことまでして条約締結を迫ったのに、よくがまんして今日をむかえたのは、むしろ外交の勝利である。条約を結んでいたらどんなことになったかわからない」

といった。

有田のいうとおり、これをきっかけにして、日本がドイツ、イタリアと手を切っていたならば、太平洋戦争は回避できたかもしれない。

平沼内閣は昭和十四年八月三十日に総辞職した。同日付で米内光政は軍事参議官（役付のな大将で、軍事参議官会議のメンバー）、山本五十六は連合艦隊司令長官、井上成美はしばらく軍務局長にとどまり、十月二十三日に支那方面艦隊参謀長兼第三艦隊参謀長となった。

次官待遇で、国際法の権威である海軍書記官の榎本重治は、三国同盟問題について、

米内から、

「井上がいちばんなんだよ。どんなことがあっても井上は承知しないよ」

と聞かされていた。

山本五十六は、

「三国同盟反対の急先鋒《きゆうせんぽう》は俺ということになっているが、ほんとうは井上だよ」

といっていた。

井上は、それほど徹底して米内山本の尻《しり》をたたき、三国同盟つぶしに取り組んでいたようである。

ドイツ軍はかならず敗けるよ

平沼内閣総辞職した二日後の昭和十四年九月一日、独ソ不可侵条約を利用したドイツが、ねらいすましたようにポーランドに侵入を開始した。そのまた二日後の九月三日には、ドイツのヨーロッパ大陸制覇を阻止しようと、イギリス、フランスがドイツに宣戦布告して、ここに第二次世界大戦がはじまった。

井上成美が参謀長となった支那方面艦隊は「第三連合艦隊」といわれる大部隊であった。旗艦は海防艦出雲《いずも》（旧装甲巡洋艦）で、主に上海にいた。

このときの司令長官は、のちに井上が「三等大将・国賊」とこきおろす兵学校第三十一期の及川古志郎中将であった。井上は、前任参謀長草鹿《くさか》任一《じんいち》少将から申しつぎをうけて、新任務についた。

それからまもなく、この艦隊は、日本の対英米開戦という万一にそなえて、編制がえをした。第一遣支艦隊（中支那担当）・第二遣支艦隊（南支那担当）・第三遣支艦隊（北支那担当）となったのである。昭和十四年十一月十五日であった。

及川は、艦隊改編の十一月十五日付で大将に進級し、井上も中将に進級した。井上は、翌月の十二月九日で満五十歳になろうとしていた。

支那方面艦隊の任務は、海上ルートによる第三国からの援蔣（蔣介石《しょうかいせき》政権）物資搬入の阻止を目的とした沿岸封鎖作戦と、重慶の蔣介石政権潰滅《かいめつ》を目的とした航空作戦を成功させることであった。

翌昭和十五年五月一日になると、及川は横須賀鎮守府司令長官に親補され、かわりに呉鎮守府司令長官で、山本五十六とおなじく兵学校第三十二期の嶋田繁太郎中将が、支那方面艦隊司令長官に親補された。

嶋田は、

「自分の長官在任中に支那事変（日支事変）をかたづけたい」

という、つよい意気ごみで着任した。

この三日には、親日派の汪兆銘《おうちょうめい》が南京に政権を樹立していたので、重慶の蔣政権をつぶすのも、あとひと押しという感もあったが、現実は、そんなに甘くはなかった。

そのころ、内地から、各界のおエラ方が戦地視察といって、ぞくぞく上海にやってきて、支那方面艦隊司令長官その他を表敬訪問した。

ある日、嶋田の中学校の友人で、三菱重工の重役という人物が訪ねてきた。嶋田は、この友人のために、参謀長、機関長、幕僚も相伴させて、市内の日本料亭で大盤ぶるまいをやった。井上はいい顔をしなかった。だまってはいたが、よほど嫌だったらしく、戦後に、兵学校の教え子たちに、嶋田の名前は伏せたが、

「公務でもないのに、自分の友だちを官費で接待するというのは、私は怪《け》しからんと思った。金に汚ないというのは、私は非常に嫌いです。人の上に立つ資格のない奴《やつ》だというぐらいに、私は思ってしまうのです」

と話した。また、こんな話もした。

「私のまえの草鹿（井上とおなじく兵学校第三十七期）の時代まで、訪問客接待費を捻出《ねんしゅつ》するために、上海租界内で賭博《とばく》を黙認し、そのテラ銭を献上させていたという。私は『海軍がバクチのテラ銭をとるとはなにごとだ』と怒って、即座に止めさせたんだ」

ついでだが、金のことについては、つぎのような話もある。

井上が、昭和十九年八月に海軍次官になったときのことである。海軍大臣秘書官麻生孝雄中佐が、

「次官には毎月機密費をさしあげるようになっていますが、どうしますか」

とたずねると、井上は、

「それはどういうことかね」

という。

「俸給と同額ぐらいで、大臣にもさしあげています」

というと、

「そんなものは要らん。機密費は大蔵省に知らさなくてもよいが、大事なときに使うもの。要るときには、頭を下げてもらいにいく」

と、ことわったという。

その十年ほどまえ、井上が戦艦比叡《ひえい》艦長になったときは、主計長が、

「機密費二十円出しましょうか」

とたずねると、

「乗員のために必要があったら副長が使え。副長にまかす。おれは受け取らん、ハンコだけは押す」

と、ここでもことわっている。

前記の元海軍大佐黛《まゆずみ》治夫は、このような井上について、つぎのようにいう。

「井上さんは、艦長が機密費を主計長に保管させて、自分が手をつけないことを、さも誇らしそうにいっているようだが、そんなことは慣例で、たいていの艦長はそうやっていたよ。

おれが利根《とね》（筆者註・重巡、フィリピン沖海戦で大戦果をあげる）の艦長をしていたときは、月に四十円か五十円の機密費だったが、主計長にわたしておいて、乗員の懇親会なんかのときに出してもらったんだ。井上さんは、下情を知らない人だと思うなあ」

昭和十五年五月一日から九月五日までという予定で、蔣政権を崩壊させるため、百一号作戦という航空機約三百機の大規模航空作戦がすすめられた。

井上は、六月四日に漢口に飛び、第一連合航空隊司令官山口多聞《たもん》少将や、山口とおなじ兵学校第四十期の第二連合航空隊司令官大西瀧治郎《たきじろう》少将をはじめ、航空部隊の将兵を激励してまわった。

零戦がこの中国戦線に姿をあらわしたのは、このころである。

井上は、百一号作戦を徹底させるため、航空兵力の増強をもとめて、八月六日、九六式陸上攻撃機で東京に飛んだ。参謀中山定義少佐（兵学校第五十四期、のちに中佐）が随行した。

翌七日、中山を伴って軍令部に出頭した井上は、第一部長・兵学校第四十期の宇垣《うがき》纒《まとめ》少将はじめ軍令部員と海軍省事務当局者に、作戦状況や中央への要望を説明した。作戦はとくに海軍航空部隊による中国奥地の攻撃に重点をおいており、日露戦争における日本海海戦にも匹敵すると強調し、航空兵力の増強をつよく要望した。

ところが、このあとの井上の主張が、一同に衝撃をあたえた。

随行した中山の『一海軍士官の回想』（毎日新聞社）によると、それはこういうことであった。

「仄聞《そくぶん》するところによれば、中央では中国大陸における大作戦と並行して、更に第三国との戦争に備えんとする動きがあるやに漏れ承っておるのであるが、もし事実とすればそれは大変なことである。日中戦争（筆者註・ほんとうは支那事変といったと思われる）だけでも幾多の難問を内蔵しており、その見通しもつかないのが実情である。この上第三国たる大国相手に事を構えるがごときは全く論外であるというのが、現地部隊支那方面艦隊司令部の意見である」

とたんに座はシーンとなり、誰からも反論・質問がなく、やがて宇垣が、

「ご趣旨のほどはよく分かりました」

ところたえ、会議はおひらきになった。

ところが、八月十二日に中山参謀を伴って上海の旗艦出雲に帰任した井上のあとを追いかけるようにして、八月十八日に、大本営海軍部、つまり軍令部から電報がとどいた。

「北部仏印作戦準備のため、第一連合航空隊を九月五日に内地に引き揚げさせることに手つづき中」

というものであった。

これには司令部幕僚一同憤然としたが、井上は軍令部にどなりこんでいくぐらいの権幕となったらしい。

井上はただちに嶋田に話し、長官名で軍令部次長・兵学校第三十五期の近藤信竹中将あてに、宇垣にいったとおりの意見具申電を、くりかえすようにして打った。

だが、軍令部の返事は、

「ご趣旨は分かったといったが、そのとおりにやるとはいわなかった」

と、木で鼻をくくったようなものでしかなかった。

すると井上は、

「私は参謀長を辞職する」

といい出した。

「軍令部に最後のダメ押しをしなかったのは、私の手ぬかりで、責任は免れない」

というのであった。

こんなことで辞めるというのも、度がすぎやしないかと思われるが、それが井上には腹にすえかねるほど無念なことであったらしい。

それを、参謀副長中村俊久少将と先任参謀山本善雄中佐が、数日かかって、やっと宥《なだ》めたという。

九月はじめに大本営海軍部は、予告どおり第一連合航空隊を内地に引き揚げたので、支那方面艦隊の蔣政権崩壊作戦は中途半端となった。

九月中旬になると、第二遣支艦隊（南支担当）も北部仏印進駐作戦にまわさねばならなくなった。

支那方面艦隊の作戦計画は挫折《ざせつ》したのである。

どうしてこういうことになったかというと、この五月からの内外情勢の急変を見直さなければならない。

まずヨーロッパでは、いわゆるヒトラーの電撃作戦によって、オランダ、ベルギー、フランスはたちまちドイツ軍に攻めこまれ、五月二十七日にはイギリス軍もダンケルクから本国へ退却した。六月十日にはイタリアが対英仏戦に加わり、六月十七日には、はやくもフランスのペタン政権がドイツに降伏した。

イギリス本国もやがてドイツ軍に攻めこまれ、降伏するだろうという見方がつよくなっていた。

これを見た日本陸軍の参謀本部と陸軍省の佐官クラス中堅層は、チャンス到来とばかり、会議をかさねて、六月二十五日に、「世界情勢の推移に伴う時局処理要綱案」という、アジアのイギリス、フランス、オランダ勢力をたたきつぶして日本が取ってかわる国策の原案をつくった。

ついで、参謀本部・陸軍省の首脳会議が、この原案をもとにして、七月三日に、火事場ドロボー陸軍案を決定した。

それにさらに、海軍側と外務省側の意見を入れ、昭和十五年七月二十七日、宮中でひらかれた大本営・政府連絡会議で最終決定となった。その内容の要点はつぎのようなものであった。

「政戦両略の総合力を集中し、とくに第三国（米英など）の援蔣行為を絶滅するなど、あらゆる手段を尽くして、すみやかに重慶政府を屈伏させる。

独伊との結束を強化し、ソ連との国交も飛躍的に改善する。

米国にたいしては、必要な施策遂行にともなう自然的な関係悪化は辞さないが、日本から求めて摩擦を多くしないようにする。

仏印（現在のベトナム、ラオス、カンボジア）にたいしては、日本軍の通過、飛行場の使用などを認めさせ、また日本の必要資源を供給させる。ばあいによっては武力を行使する。

蘭印（現在のインドネシア）にたいしては、しばらく外交によって、重要資源（とくに石油）を供給させるように努める。

支那事変の処理がだいたい終われば、好機をつかみ、南方（南部仏印、マレー、シンガポール、蘭印など）に武力進出する。（主な目的は石油、ゴム、錫《すず》などの資源確保）

支那事変の処理がまだ終わらないばあいでも、内外の情勢が有利になれば、南方に武力進出することがある。

武力行使に当たっては、戦争相手を極力英国だけに局限するように努める。ただし、このばあいでも、対米開戦を避けられないことがあるから、その準備に遺憾のないようにする」

話をはじめにもどすが、七月四日、陸軍の参謀本部・陸軍省の佐官クラス事務当局者らは、「時局処理要綱」陸軍案について、海軍の軍令部・海軍省の佐官クラス事務当局者らに説明をおこなった。

それにたいして海軍も、七月九日に海軍案を陸軍に提示した。しかし、陸軍と大差ない火事場ドロボー案で、武力行使の基準は、要点つぎのようなものであった。

「支那事変の処理がまだ終わらないばあいは、第三国（英米蘭など）と開戦しないていどに施策し、支那事変の処理がだいたい終わるか、世界の情勢が有利にすすめば、好機をつかみ、いっそう対南方施策（主として必要資源の入手）を推進し、情況によっては武力を行使して目的を達成する。

武力行使に当たっては、戦争相手を極力英国だけに局限するように努める。ただし、このばあいでも、対米開戦を避けられないことがあるから、その準備に遺憾のないようにする」

しかも、「対米開戦は之《これ》を避け得ざることあるべきを以《もっ》て、之が準備に遺憾なきを期す」と、大きなことまでいっている。

なぜこんなことを決めたかというと、当時の軍令部先任部員川井巌中佐が、戦後に、「対米戦に自信はなかったが、それをいえば、陸軍から予算を減らせといわれる弱身があった」と述べている（『戦史叢書《そうしょ》　陸軍開戦経緯(1)』）とおり、アメリカよりも日本陸軍がこわかったし、目先のことが大事だ、というフケンシキきわまることだったようである。

このような内外情勢急変のなかで、対米英平和路線を通してきた米内光政《よないみつまさ》内閣は、畑俊六《はたしゅんろく》陸相の単独辞職・後任陸相推薦拒否によって打倒された。七月十六日のことであった。

かわって、近衛文麿《このえふみまろ》が第二次近衛内閣を組織した。近衛は陸軍にかつがれ、木戸幸一内大臣に推薦されたものであった。

外相には親独伊の松岡洋右《ようすけ》、陸相には航空総監東条英機《ひでき》中将が起用された。海相は吉田善吾《ぜんご》中将が留任した。

元老西園寺公望《さいおんじきんもち》の秘書原田熊雄が、昭和十五年九月十八日、高木惣吉《そうきち》海軍大佐に語ったところによると、陸軍が近衛を「カツギ」だしたのは、日独伊軍事同盟の成立と、右翼刑余者を恩赦または大赦で解放することにあったという。

しかし、陸軍の本心は、優柔不断の近衛なら、「ロボット」として操れるということにあったようである。

第二次近衛内閣は、昭和十五年七月二十六日、「基本国策要綱」を採決した。それは、要点つぎのようなものであった。

「皇国（日本）の国是は、皇国を核心とし、日満の強固な結合を根幹とする大東亜（東アジア）の新秩序を建設することである。

国家総力発揮の国防国家体制にもとづき、国是遂行に遺憾のない軍備を充実する。

外交の重心を支那事変の完遂におく。

内政の急務は、国体の本義（神聖不可侵の天皇制）にもとづいて諸政を一新し、国防国家体制の基礎を確立することにある。

そのために、国体の本義に透徹する教学の刷新と相まって、自我功利の思想を排し、国家奉仕の観念を第一義とする国民道徳を確立する。また科学的精神の振興をはかる」

この要綱は、美辞麗句が並んでいるが、国民の言論の自由をおさえ、軍国主義国家をつくり、アジア地域を帝国主義的に支配しようという、例のとおりの陸軍のイカガワシい思考であろう。

翌日の七月二十七日には、大本営・政府連絡会議で、前述のとおり、「世界情勢の推移に伴う時局処理要綱」が決定され、日本は親独伊・反英米路線にふみきり、武力による南方進出を強行することになった。

「時局処理要綱」が最終決定されるころ、横山一郎中佐は南支那方面を担当する第二遣支艦隊首席参謀として、万山《ばんざん》諸島を泊地とする旗艦鳥海で勤務していた。司令長官は高須《たかす》四郎中将、参謀長は原忠一少将であった。

七月二十四日、横山は鳥海の水上偵察機で広東に飛んだ。南支那方面軍参謀副長佐藤賢了《けんりよう》大佐によばれて、会談をするためであった。横山は、七年まえ、ワシントンの日本料亭「小笹《こざさ》」で、佐藤が、

「満州人はみんな殺せばいいんだ」

といきまいたことを思い浮かべると、いい気分にはなれなかった。

佐藤と会って、いよいよ本題に入ると、やはり、強引に切り出してきた。

「陸軍は、つぎの案を実現しようと企図しているが、ぜひ海軍にも賛成してもらいたい。

第一には、援蔣ルート根絶のために、北部仏印を兵力をもって制圧する。

第二には、欧州情勢の進展の機会を捉《とら》え、さらに南方へ進出する。

ということです」

「しかしそれは、援蔣ルートの制圧には多少の効果はあるかもしれないが、仏印進駐は、武力行使の有無を問わず、対英米戦争を意味しますよ。ことに南方進出をやればかならずそうなります。

そういうことは、国を挙げての対英米戦争に対する決意と、相当な期間をかけての十全の準備がなければ、軽々しく実施してはならないことです。

第二遣支艦隊としては、このさい陸軍の企図には絶対反対です」

「いまグズグズしていると、バスに乗りおくれる」

「負けるバスには乗りおくれた方がよろしい」

会談はモノ別れとなった。

横山は翌二十五日に鳥海に帰り、長官の高須と参謀長の原に、佐藤との会談内容を報告し、

「至急、中央（筆者註・軍令部と海軍省）において、かかる企図を阻止すべきであると思います」

とつけくわえた。高須と原は同意し、横山が述べた趣旨で、支那方面艦隊と中央に打電した。

八月半ばに井上が軍令部とやりあってハグらかされ、辞職さわぎを起こすまでに、以上のような内外情勢の急変があったのである。

ところで井上は、独英戦をどう見ていたかといえば、参謀だった中山の話によると、つぎのようであった。

ドイツ軍優勢の情報がしきりのころ、中山もあまりの快進撃に気持が動揺した。そこで井上に感想を聞いてみた。すると井上は、

「ドイツ軍はかならず敗けるよ」

と、即座に断言した。

それで中山も迷いが消え、おちついて勤務ができるようになったという。

日独伊の提携と支那問題については、当時第二遣支艦隊参謀の大井篤中佐（兵学校第五十期）は、その日記に、

「昭和十五年七月十八日、出雲に於《おい》て、ＣＦサチ（筆者註・支那方面艦隊参謀長）は独伊との提携にては支那（筆者註・事変）は片づかぬ。英国の力が入用だ」

と書いている。

大井はこの日、作戦打ち合わせのために、旗艦出雲に出頭していた。そこへたまたま海軍省から軍務局員の大前敏一《としかず》中佐（同第五十期、のちに大佐）が来ていて、司令部の参謀たちに、国際情勢と国策転換について説明していた。いま〝独伊のバス〟に乗らないと、千載一遇のチャンスを逃がすという、いわゆる〝バスに乗り遅れるな〟という話であった。日記は、そのときの井上の発言であった。

海軍をまやかした松岡外相の痴人の夢

日本軍の北部仏印進駐の表むきの目的は、ハイフォン港から中越国境を越えて重慶方面に送られるイギリス、フランスなどの援蔣《しょう》物資を阻止することにあった。

しかし陸軍は、それを口実に北部仏印を占領し、余勢をかって南部仏印も占領しようとしていた。

仏印総督カトルーはそれを見ぬいて、みずから援蔣行為をやめ、日本からの援蔣行為禁絶監視団の入国を認め、さらに、対支那（中国）共同防衛までも提案してきた。

日本は、大本営から、西原一策陸軍少将を委員長とする陸軍・海軍・外務の各メンバーによる援蔣行為禁絶監視団を、昭和十五年六月二十九日にハノイに送りこんだ。

九月四日、「日仏印軍事協定」が、西原少将・マルタン司令官の間で調印された。

ところが、翌五日、陸軍機九機が越境して飛行し、六日には鎮南関の日本軍が仏印領に侵入した。マルタン司令官は、それを重大な協定違反として、現地交渉を本国政府の訓令がくるまで中止すると、西原に申し入れた。

九月十三日、首相・陸・海・外相による四相会議は、

「越境については遺憾の意を表するが、九月二十二日零時（日本時間）以降、随時、日本軍は平和的に進駐する。仏印軍が抵抗すれば武力を用いる」

ことを決定し、翌日、天皇の、

「過早な発砲は禁ずる」

という旨の厳命はあったが、北部仏印進駐の大命が下った。

九月二十二日、西原・マルタン間で協定が成立した。

駐屯兵力は六千名を超えない。

連絡員以外のハノイ立ち入りは認めない。

日本軍の使用飛行場は四ヵ所とする。

（後略）

などであった。

ところが、参謀本部第一部長富永恭次《きようじ》少将は、天皇の厳命も協定もまったく無視し

て、現地軍の武力進駐と北部仏印占領を強引に指導した。

陸上進出部隊は、二十三日午前から武力で進撃し、二十五日にはランソンを占領した。

輸送船団で海上進出した西村兵団は、その戦闘に協力するため、中央命令を放棄し、また、護衛の海軍部隊の反対を押しきり、二十六日、ドウソン付近に強行上陸した。

それを見て藤田類太郎海軍少将指揮の第一護衛隊（第三水雷戦隊、第十二掃海隊）は、第二遣支艦隊高須司令長官の命をうけ、デタラメな同兵団を敵地におきざりにして、海口に向け去って行った。

その前日の九月二十五日夕刻、井上支那方面艦隊参謀長は、現地陸軍の暴走に怒り、つぎの電報を大本営海軍部の宇垣纒第一部長と海軍省の阿部勝雄軍務局長あてに打っていた。

「仏印交渉今日までの経過を通観するに、現地交渉まとまりかくるか、また成立後においても、陸軍部隊は一部不羈《ふき》の行動をとりて、友好関係を破壊にみちびきたる情況を呈せり。

これあるいは現地陸軍部隊の一部に計画的の謀略を実施しつつある不逞《ふてい》の分子ありて、ある目的に向かって策動しつつあるに非《あら》ざるやと疑わざるをえず。もし万一かくのごとき無謀分子の謀略のために全面的武力行使にみちびき、海軍またこれが一役を買わさるるごときは、帝国の存亡のために戦う使命を有する皇軍の乱用に堕するものにして、時局重大のとき、帝国軍隊として忍ぶ能《あた》わざるところなり。

支那方面艦隊としても対支作戦に死力を尽しつつあるこのさい、かくのごとき戦闘に兵力をさらすごときは、じつにしのびがたく、不逞分子の点火せる作戦への協力のごときは無意味なりとの見解を有す。

よってこの際大本営におかれても十分陸軍と連絡をとられ、かくのごとき無名の戦闘を惹起《じやつき》せしめざるようこの上ともご努力ありたし。

一時の陸海軍間の摩擦を回避せんがため、国の大事を誤り、支那事変処理をうやむやに葬らるるごときことなきよう、とくにご配慮をわずらわしたし」

藤田の第一護衛隊が、命令違反の西村兵団を敵地におきざりにしたという知らせを聞いた井上は、

「そうか、それでよし」

と、はじめてわが意をえたというように、大きな声を出したという。

日本の北部仏印進駐にたいして、アメリカの反応はきびしかった。

九月十八日、米国務省は、日本に、

「平和的手段以外の、いかなる方法による仏印の圧迫をも認めない」

という抗議を、グルー駐日大使をつうじて日本に申し入れ、九月二十三日には、世界にむけてその声明を発表した。

九月二十五日には、アメリカは、日本がつぶしたくてたまらない蔣介石政権を助けるために二千五百万ドルの借款供与をすると言明し、同二十六日には、日独伊などには、それぞれがノドから手が出るほどほしい屑鉄《くずてつ》と鋼鉄の輸出を禁止すると発表した。

仏、英、米の反日意識をたかめた北部仏印進駐につづいて、日本は昭和十五年九月二十七日に、これら諸国と明らかに敵対する日独伊三国同盟をむすんだ。

ベルリンのヒトラー総統官邸で、日本大使来栖《くるす》三郎、ドイツ外相リッベントロップ、イタリア外相チアノの三代表によって署名調印されたものであった。

その目的は、松岡外相を主とする外務省と陸海軍によってつくられた九月四日付の「軍事同盟交渉に関する方針案」に示されている。要点は、つぎのようなものである。

「日独伊は世界新秩序建設について共通の立場にあることを認識し、南洋をふくむ東亜（東アジア）における日本の生存権、欧州およびアフリカにおける独伊の生存権をたがいに尊重する。

日独伊はソ連との平和を維持する。一国がソ連と戦争する危険があるばあいには、協議する。

日独伊は、米国を西半球と米国の領地以外に干渉させないように協力する。一国が米国と戦争状態に入るばあいには、他はあらゆる方法で援助する。

日本は、独伊の希望にたいして、できるかぎり東亜の資源・物資を供与する。

独伊は、日本の希望する機械類を供与し、技術の援助をする。支那事変解決のためできるかぎりの政治的、経済的協力をする。

大東亜共栄圏の範囲は、日満支を根幹とし、旧ドイツ領委任統治諸島（南洋）、仏印、太平洋諸島、タイ国、マレー、英領ボルネオ、蘭印、ビルマ、濠州、ニュージーランド、インドなどとする。

蘭印は独立させることを目的とするが、さしあたり日本の政治・経済上の優越的地位を認めさせる。仏印もおなじ。

世界が東亜、ソ連、欧州、米州の四大分野に分かれることを予見し、ソ連は東西両面から牽制《けんせい》して日独伊の利害関係に影響がすくない方面、たとえばペルシャ湾方面、ばあいによってはインド方面に向かわせる。

米国にたいしては、情勢に応じては圧迫によって、日本の主張を貫徹させる。このばあい、ソ連、南米の独伊の移民を利用する。

英国にたいしては、南洋をふくむ東亜から政治的、経済的権益を排除する施策を講ずる。英国植民地の独立運動を支援して、独伊の対英戦争に協力する」

つまり、日本が「大東亜共栄圏」と自称するアジアから、そこに権益をもつ英米仏蘭をたたきだし、かわりにその権益を日本がひとりじめするためには、イギリスをふくめてヨーロッパを征服するであろう独伊と組むのがいい。そうすれば、アメリカも、日本がアジアでどのような戦争をやろうと、手だしができないだろうということである。

米内海相・山本次官・井上軍務局長の日独伊三国同盟についての見解は、すでに述べたが、とくに三点で、これに正反対であった。あらためて書いてみると――

一、ドイツ、イタリアの海軍は劣弱で、イギリス海軍にもとうてい勝てず、イギリスを屈伏させられるわけがなく、日本の役にたつはずがない。

二、三国同盟はアメリカを参戦させないどころか、アメリカはかならずイギリス側に味方して参戦し、日本は太平洋において、単独でアメリカ、イギリスなどを相手に戦わねばならなくなる。

三、支那事変は、日支英間の平和的交渉によらなければ解決できるものではない。

米内のあとの吉田海相も、この見解をふんだが、米内内閣の総辞職、「時局処理要綱」の作成決定、北部仏印進駐などのトラブルでノイローゼとなり、九月四日に辞職した。

しかし、吉田の推薦で横須賀鎮守府長官から海相に就任した及川古志郎大将は、航空本部長から海軍次官に起用した豊田貞次郎中将（第三十三期、のちに大将）の意見にしたがい、ついに、付帯条件つきながら、自動参戦義務をふくむ三国軍事同盟に同意した。

及川海相、豊田次官の就任については、『大本営海軍部　大東亜戦争開戦経緯(2)』（朝雲新聞社）は、つぎのように書いている。

――近衛総理の海軍大臣の人選に関する要望は、陸軍と協調できる人、ということであった。総理は、政策そのものよりも、内閣の不統一をおそれたようにみえる（中略）。

次官は、住山中将から、海軍のこれ以上の反対（筆者註・三国同盟に）は適当ならずとみていた豊田貞次郎中将に、また、軍務局長は、阿部少将から、少なくとも先年までは、防共協定の強化に反対であった岡敬純《おかたかずみ》少将（第三十九期）に、それぞれひきつがれた――

及川は、海相就任二日後の九月六日の四相会議（筆者註・首相・外相・陸相・海

相）で、原則的に三国同盟に同意すると表明した。近衛、松岡、東条の三人がぜったいに締結するといっており、及川の海相就任は、近衛がいうように陸軍と協調することが条件であったから、もしここで及川が三国同盟にぜったい反対するような人物ならば、はじめから海相になれるわけがなかった。だから、及川が、海相になったということは、三国同盟はその時点で成立が確定したということであった。

あとは、同盟の条件を、どこまで日本に有利にできるかということしかない。しかし、それをやったのは及川ではなくて、これ以上の反対は適当ならずと見ていた次官の豊田であった。

昭和三十二年十二月につくられた『元海軍大将豊田貞次郎談話収録』（財団法人水交会）によると、及川、豊田が三国同盟に同意し、海軍の総意も賛成になったというイキサツについて、豊田はつぎのように述べている。

――私の遣り口はどこに行ってもそうだが、自分の独断はやらない。（中略）本問題（三国同盟）も勿論《もちろん》海軍大臣とよく連絡をとってこれに当った。

昭和十五年九月にドイツからスターマーが外務大臣の特使として、日本にやって来た。

松岡外相は白鳥（敏夫）・斎藤（良衛）両顧問同伴でスターマーを軽井沢に連れて

行って、三国同盟に関し密《ひそ》かに（期日不明）話合った。

松岡外相は軽井沢から帰って三国同盟の案を持って来た。大変急ぐのだと云《い》った。

陸軍は案に賛成だ。

近藤軍令部次長を呼んで、よく検討してくれと頼んだが、軍令部には大きな反対はなかった。

案を見ると、米独戦争が起ったような場合には、日本は自動的に独側に立って参戦するようなことが書いてあるがこれはいけない。

米独戦が始まっても、日本は自主的に判断して去就を決することが、絶対に必要と思って三ケ所ばかり直した。それで大変ゆとりのあるものとなった。

そこで、これを持って松岡の私邸に行き（裏門から）茶室で二人で密議をした。海軍側の修正案を示して、ここは斯《こ》うすると説明したところ、それでよろしいとのことであったので、帰って及川大臣に報告し、この程度なら大臣の考えで決めてもよかろうと申上げた。

その後陸海外省の首脳（特に参謀次長・軍令部次長も参加）が集まって討議し十分に意見は交換された。海軍の保留した点も認められて非常にゆとりのあるものになった。欧州戦でドイツの声望隆々たるときであり、バスに乗り遅れてはいけない、海軍の不要論（米英と戦えないというなら不要という）なども飛び出していた際とて、海軍としてはこれ以上強いことも言い得ない情勢にあった。

私は参考のため、米内大将を訪問して意見を聞いたが、

「これまで直したのなら、それでよくはないか」と割り方穏かな返答であった。次には軍事参議官を歴訪して一通り内諾を得た。また軍令部総長宮（筆者註・伏見宮）には近藤次長から説明して御承諾を得た。

愈々《いよいよ》決定になる前に今一応再考してみた。

これは非常に重大な取極めだ。だが要は米独が戦ったときどうなるかと云うことだ。しかしその場合、日本は自主的に行動するよう余裕を以《もつ》てカバーして手当をした。

もう一つ大事なことは、ソ連を同盟に入れることだ。松岡外相はソ連が加入するよう極力やると云う。ドイツも手を打って出来るだけのことをやると云うので、条約が決まれば松岡外相は早速ソ連に行くことを引受けた。……

近衛公の手記には当時私が三国同盟に反対であったと云うようなことが書いてあるが、これは誤りだ。

三国同盟には反対しないが、日米戦争は極力避ける。若《も》し米独戦争が起きても、日本は自由に行動する。しかしアメリカに対しては万一に対して用意はしておく、海軍

軍備は益々強化する、特に飛行機に重点を置く。これは私が航空本部長以来の一貫した信念であった――

これを読むと、万事手おちがなく、政府と海軍の総意をうまくまとめたものと思わされる。

井上成美は、三国同盟の問題点について、

「タトエ締盟国が、他ヨリ攻撃セラレタル場合ニ於テモ、自動参戦ハ絶対ニ不賛成ニシテ、コノ説ハ最後マデ堅持シテ譲ラザリキ」

といっていた。

これは米内、山本も同意見であった。

そこで豊田も、

「案を見ると、米独戦争が起ったような場合には、日本は自動的に独側に立って参戦するようなことが書いてあるがこれはいけない。

米独戦が始まっても、日本は自主的に判断して去就を決することが、絶対に必要と思って三ケ所ばかり直した。それで大変ゆとりのあるものとなった」

と、それをいちばん気にしていたようにいっている。

ところが、豊田がその修正案を松岡に示すと、松岡は、あっさり、それでよろしいといったというのである。それはなぜなのか。

そのまえにまず、成立した同盟条約の自動参戦義務はどう規定されているのかを見てみよう。それは第三条に示されている。

日本国、ドイツ国、イタリア国は前記の方針（筆者註・南洋を含む東亜における日本の生存〔事実は支配〕権、欧州およびアフリカにおける独伊の生存〔支配〕権を相互に尊重する）にもとづく努力について、相互に協力すべきことを約束する。

さらに、三締盟国のうちいずれかの一国が、現に欧州戦争または日紛争に参加していない一国（筆者註・現実的にはアメリカ）から攻撃されたときは、三国はあらゆる政治的、経済的および軍事的方法によって相互に援助すべきことを約す。

ただしこれには、つぎのような、極秘の交換公文が付けられていた。

攻撃されたかどうかの判定は、三締盟国の協議によることとする。

自動参戦義務と実際の援助行為を分けるための決定は、各国政府の承認を必要とする。

この条文・交換公文からすると、現実にはつぎのようになる。

ドイツかイタリアがアメリカの攻撃をうけたならば、日本は自動的に独伊側に加わって参戦しなければならない。

日本がアメリカの攻撃をうけたならば、ドイツとイタリアは自動的に日本側に加わって参戦しなければならない。

ただし、攻撃されたかどうかは三国の協議で判定することとし、また自動参戦にするかなんらかの援助にするかは、各国政府の承認によって決める。

とすると、たとえば、三国協議で、ドイツかイタリアがアメリカの攻撃をうけたことが確定した場合でも、日本は参戦せずにすむのかということである。

この点について豊田は、

「米独戦が始まっても、日本は自主的に判断して去就を決することが、絶対に必要と思って三ケ所ばかり直した。それで大変ゆとりのあるものになった。(中略)その後陸海外省の首脳(特に参謀次長・軍令部次長も参加)が集まって討議し十分に意見は交換された。海軍の保留した点も認められて非常にゆとりのあるものになった」

と、かなり自画自賛的にいっている。

しかし、主文の第三条からすれば、この同盟の本質は、三国のうちの一国がアメリカの攻撃をうけた場合、他の二国に自動参戦の義務が発生するものである。

豊田をはじめ、三国同盟に賛意を持っていた連中は、「これで自動参戦義務がなくなったのだから、海軍がこれ以上同盟に反対する理由はなくなった」と触れまわったが、それには、粉飾と弁解がまじっていよう。

ただし、つけくわえておくが、三国のうちの一国が、自分の方からアメリカその他を攻撃した場合は、他の国に自動参戦の義務がないことはたしかである。

さてそれでは、松岡が、豊田の示した「海軍側の修正案」を、「それでよろしい」と、あっさりのんだのは、どういう理由かを追ってみる。

まずはじめに松岡は、九月十日に、駐日オットー・ドイツ大使と来日したスターマー特使と会い、この二人に、つぎのような条文私案を示した。

日本、ドイツおよびイタリアは前述の趣旨（新秩序建設に関するそれぞれの指導的地位）にもとづく努力について相互に協力し、かつ各自の目的達成にたいするすべての障害を除去克服するため、適切有効なる方法について相互に協議すべきことを約す。

するとスターマーは、その翌日の九月十一日に、つぎのような修正条文案を松岡に提示した。

日本、ドイツ、イタリアは前述の趣旨にもとづく努力について相互に協力し、かつ協議すること。ならびに右三国のうち一国が、現在の欧州戦争または日支紛争に参加していない一国から攻撃された場合には、あらゆる政治的、経済的、および軍事的方法によって相互に援助すべきことを約す。

これを受けた松岡は、重大な「自動参戦義務」が発生することを十分に理解したが、それをさいしょの松岡案のような無難なものに直す努力はせずに、そのまま豊田に示した。海軍がどう出るかを見てやろうというハラだったのであろう。

ところが豊田は、はじめから陸軍に協調して三国軍事同盟を成立させようとしていたために、自動参戦義務を完全に排除しようなどとは、まったく考えなかった。そんなことをすれば、三国同盟はぶちこわしとなり、自分のクビもふっとぶと思うぐらいの人物だったようである。だから、抜本的な修正案など出せるわけがなく、いいのがれのための小細工のような付帯条件を出すのが精いっぱいだったのであろう。豊田は兵学校をトップで卒業して、自他ともに秀才とみとめる人物であった。

しかしこれは松岡にすると、ひょうしぬけがするほど手間がはぶけるというものであったにちがいない。なぜなら、はじめ松岡は、米内・山本・井上らの強硬な自動参戦絶対反対論を知っていたからこそ、自動参戦ぬきの松岡私案をつくって、スターマーらに提示したわけである。それが、自動参戦こみのスターマー案を豊田に見せてみると、線香花火のような注文がついただけの修正案が出てきたのであった。

「海軍なんて、こんなチョロいものであったか」

というのが、松岡の、口には出さない胸の内であったであろう。

以上が、なぜ松岡が豊田の修正案をあっさりのんだかという理由である。

もしこのとき、豊田や及川が、自動参戦義務の完全排除に職を賭して努力したならば、すくなくとも松岡私案に近いもので妥結し、米英にたいする刺激もすくなく、また陸軍もそれほど強気になれず、対米英不戦、対支（中国）和平の道を進めたかもしれない。


このような重大時期に、三国同盟についてはほとんど予備知識がなく、また大勢順応タイプ及川を海軍大臣にしたり、国家の前途よりも陸軍との協調を先に考える豊田を次官にした人事は、大きなミステイクであったというほかなさそうである。

では、海相人事を決定したのは誰かといえば、前海相の吉田善吾であった。ただし、吉田ひとりの考えではなかった。及川については、「吉田前海相が、その後任としてかねて上層部の了解を得ていた」というものであった。上層部のなかでも、とくに、三国同盟に反対ではなく、陸軍との協調をのぞむ伏見宮軍令部総長の意向がつよく働いたというものであった。九月六日に次官に就任した豊田は、及川が指名したものであったが、これも、伏見宮の意向に沿ったものである。

伏見宮は、九月十五日の、各軍事参議官、各艦隊司令長官、各鎮守府司令長官らが列席する、三国同盟問題に関する海軍首脳会議で、その冒頭に、

「ここまできたら仕方ないね」

と発言して、会議の自由論議を封ずるようにしている（野村実著『歴史のなかの日本海軍』原書房）。

また九月十九日の大本営・政府連絡会議の御前会議では、大本営海軍部（軍令部）としては、つぎの条件のもとに三国同盟に同意すると述べている。

一、なしうる限り日米開戦を回避するよう施策の万全を期する。

一、南方への発展は極力平和的に行なう。

一、言論の指導統制を強化して有害な排英米言動を厳しく取り締る。

一、海軍戦備及び軍備を強化促進する。

豊田は、前記の述懐でも、

「三国同盟には反対しないが、日米戦争は極力さけるのがその一貫した方針だった」

と語っていて、これは、伏見宮の、

「本同盟締結せらるるもなしうる限り日米開戦を回避するよう施策の万全を期する」

というのに、ぴったり一致している。

それでは、海軍の総意といえるほどのものが、豊田ペース、つまりはスターマー・松岡ペースに、どうしてのせられたのであろうか。

豊田にとって手ごわい相手は、米内光政、山本五十六、井上成美の三人であった。しかし幸いに、もっともうるさい井上は支那方面艦隊参謀長で上海にいて、東京に出てこられない。鬼のいぬ間の洗濯のような時期であった。

そこで豊田は、人当たりのいい米内をくどきおとすことにした。米内を訪問して、豊田案を説明したところ、

――「これまで直したのなら、それでよくはないか」

と、割り方穏かな返答であった――

という。

そのとおりならば、米内もボケたかと思わされる。しかし、米内は、自分が海軍大臣ならば、その職について頑強といっていいほど所信を曲げないが、他人の海軍大臣となると、人が変わったように口を出さないクセがある。それに、いってみたところで、伏見宮・及川・豊田というメンバーでは、どうにもなるものではないと思ったのではなかろうか。

これについて、前記高木惣吉は、昭和三十七年三月七日、元海軍大尉・兵学校第七十一期、その当時、防衛庁戦史室戦史編纂《へんさん》官の野村実に、

「米内大将は、すでに予備役（筆者註・首相就任のときから）であり、相談をうけたとしても、明確に自分の意見を述べる立場ではない」

といっている。

山本については、及川が意見をただした。

戦後の昭和二十年十二月二十二日から翌年一月二十三日にかけて四回、日本海軍の生き残った最高首脳者たちが、第二復員省（旧海軍省）で、過ぎた戦争を検討する「特別座談会」をひらいた。そのなかで、二十一年一月十七日には、「三国同盟」をテーマにした座談会がひらかれたが、席上、及川は、つぎのように発言している。

「同盟締結は、自分の着任早々であり、前からの経緯もゆっくり考える暇もなかったので、山本（五十六）長官の上京をもとめ、その意見を聴いたところ、山本長官も情況もここに至れば止《や》むをえない。それも一法ならんとこたえ、ほかによい方法はないか、一晩考えさせてくれと述べ、翌朝いたし方あるまいとこたえたり」

米内、山本にしてこのとおりであったから、あとは右へならえで、たちまち全員異議なしとなり、近衛のいうとおり、あっさり三国同盟が締結されるはこびとなったの

である。

伏見宮軍令部総長の発言力が強い日本海軍では、ドイツと日本陸軍と松岡にかかっては、からきし弱かったといえる。

三国同盟についての「特別座談会」で、注目すべき発言がいくつかある。参考のために、ここでとりあげてみる。

豊田（前略）松岡の同盟にたいする主眼点は、英独戦争においては日本の援助を要しないこと、および日、独、伊、ソ連にて米の参戦を牽制《けんせい》して、なるべく早く世界平和を回復したいというにあり。

そのとき、松岡は支那事変をめぐり、日米関係は米独関係よりさらにわるく（筆者註・アメリカは、日本軍の中国・満州からの全面撤兵、アメリカへの門戸開放・機会均等を要求し、蔣介石政権を支持し、その地域を独占的に支配しようという日本、とくに日本陸軍と真っ向から対立していた）、このままではここ一カ年くらいの間に日米戦不可避だ、これを防ぐためには四国同盟以外に手なきを強調し（筆者註・日本が蔣政権・英・米に譲歩し、和平をすることは一切考慮しない）同盟をむすばねば、ヒトラーは在米四千万人の独・伊系人をけしかけて、日米戦を起こすやも知れずと述べ、ソ連の引き入れに関しては、独が責任をもって当たると説明せり。（中略）すなわち支那事変解決のため、日本の孤立を防ぐため、米参戦を防止するには、ソ連を加えて四国同盟のほかなく（筆者註・四国同盟ならば、アメリカも、日本が中国・満州を支配するために何をしようが、手だしができまいという考え）、このたびは自動参戦の条件もなく、平沼内閣当時、海軍が反対した理由はことごとく解消したのであって、できたときの気持は、ほかに方法がないということだった。

大野・三代　軍令部としては、少なくとも一部長（宇垣纏）、一課（課長、中沢佑《たすく》大佐）、私は反対であった……理由……けっきょく自動的参戦の域を脱せず（筆者註・これが真実）。

近藤　連絡懇談会の席上……松岡は米と戦争せぬためのものだから、まげて賛成してもらいたいとたのんだ。われわれとしては自動的参戦はぐあいわるしとこたえたところ、彼は和戦は天皇の大権に属し、国家が自主的に決するので、スターマーとも話ができているという。そこで従来の海軍の反対理由はなくなり、次長として、困ったことになったという気持であった。

榎本　松岡さんがだいじょうぶというので、押えつけられてしまったのだ。

（中略）

及川　さきほど豊田大将（筆者註・豊田貞次郎次官はのちに大将となる）の言のごとく反対理由解消せり。ただし陸軍策動により、海軍反対理由をたくみに糊塗《こと》されしやもしれず（筆者註・陸軍と松岡は交換公文があるから自動参戦にはならないといっているが、それは口先のゴマカシかもしれない）。

豊田　当時陸海軍の対立、極度に激化し、陸軍はクーデターを起こす可能性あり。ひいては国内動乱の勃発《ぼっぱつ》を憂慮せられたり。なんといっても軍の両輪、股肱《ここう》の皇軍として、かかる事態は極力さけねばならぬ。

及川　真にしかり。

井上　先輩を前にしてははなはだ失礼ながら、あえて一言す。過去をかえりみるに、海軍が陸軍に追随せしときの政策は、ことごとく失敗なり。二・二六事件を起こす陸軍と仲よくするは、強盗と手を握るがごとし。同盟締結にしても、もう少ししっかりしてもらいたかった（筆者註・つぶしてもらいたかった）。陸軍が脱線する限り、国を救うものは海軍よりほかにない。内閣なんか何回倒してもよいではないか（筆者註・海軍大臣が職を賭してあくまで三国同盟に反対すれば、内閣総辞職となる）。

（中略）

藤井　ここに考えねばならぬのは、日本の政治組織と当時の情勢なり。輔弼《ほひつ》の責を有する外相、陸相の所掌に関し、その主張を押えんがためには、天皇、総理の権限を要し、海相としては自己の責任外に逸脱せざる限り、よくなしえざるところなり。
　また陸軍の政治工作に対抗し、なぜに海軍も政治工作をなさざりしやといわるれば、それまでなるも、海軍は政治力貧弱にして、事務当局は政府、陸軍との接触面においては、刀折れ矢尽きて屈服せるものなり。

井上　閣議というものは、藤井君のいうがごとき性質のものではない。海相といえども、農相や外相の所掌に関しても、堂々と意見を述べてさしつかえなし。閣僚の連帯責任とは、こういうものだ。意見が合わねば、内閣が倒れる。国務大臣はそれができる。また海軍は政治力がないというが、伝家の宝刀あり。大臣の現役大・中将制これなり（筆者註・海軍大臣は現役の大将か中将でなくてはならない）。海相が身を引けば、内閣は成立せず（筆者註・畑陸相がこれを強行して米内内閣を総辞職させた）。この宝刀は乱用を戒慎すべきも、国家の一大事にさいしては、断乎として活用せざるべからず。私は三国同盟に反対しつづけたるも、この宝刀あるため安心していたり。

榎本　法理上よりいうも、井上大将お説のとおりなり。近衛公手記に、政治のことは海相心配せずともよい、とあるは公の誤解なり。

吉田　外交権というが、常識にすぎず、海軍でも、外交のことをどんどんいえる。

この座談会の出席者は、つぎのとおり。

豊田貞次郎大将（三国同盟締結当時は海軍次官・中将）
大野竹二少将（当時は軍令部第一部長直属部員・大佐）
三代辰吉大佐（当時は軍令部第一課部員・中佐、のちに辰吉を一就と改名）
近藤信竹大将（当時は軍令部次長・中将）
榎本重治（海軍書記官）
及川古志郎大将（当時は海軍大臣）
井上成美大将（当時は支那方面艦隊参謀長・中将）
吉田善吾大将（当時は中将）
藤井　茂大佐（当時は海軍省軍務局第二課局員・中佐）

三国同盟締結は、アメリカにどういう影響をあたえたかといえば、まず、米国世論が急速に悪化した。国務省の国際経済顧問をしていたハーバート・ファイスの『真珠湾への道』によると、九月三十日現在、つぎのようになった。

日本に中国を支配させないために戦争すべし……賛成二九パーセント（二ヵ月まえは一二パーセント）

日本が強大になるのを防ぐため、なんらかの手段を講ずべし……賛成五七パーセント

屑鉄禁輸……後日の賛成八八パーセント

三国同盟直後、米国視察に派遣された参謀本部アメリカ班長杉田一次陸軍少佐の印象では、

「当時の米軍部の気合いの入れ方というものは、『もう戦争だ』というものに変わっていた」

という（『偕行』昭和五十二年五月号、大東亜戦争開戦経緯座談会）。

ファイスは『真珠湾への道』で、つぎのようにも書いている。

――情勢の変化は、つづく数カ月間における米国の政策の傾向のなかに表現された。それは、近衛や松岡や東条が、米国がとるだろうと予言した（筆者註・豊田海軍次官も同調した）ものとは、まったく反対の方向をとったものであった。

米国政府は、単に日本政府がすでに予見していた貿易制限の諸措置を計画しはじめただけではなかった。

米国政府は、はじめて、南・西太平洋の遠隔区域におけるすべての武力の使用をも考慮しはじめたのである。

考え方と行動の双方の分野で、米国は英帝国に接近していった――

ルーズベルト大統領は、さきの二千五百万ドル借款《しゃっかん》にひきつづき、十月三十日、中国蔣介石政権にたいする一億ドルの借款、百機にのぼる航空機のひきわたし、および航空士・航空術教官の中国渡航を許可した。

十二月二十九日、ルーズベルト大統領は、「炉辺閑談」において、

「いわゆる欧州および極東の新秩序は、世界の人類を奴隷とせんとする『不神聖同盟』にほかならない。

英国は今日この不神聖同盟と戦っている。米国としては今日、英国援助のための可能なるあらゆる手段をつくす方が、拱手《こうしゅ》傍観将来をまつよりははるかに戦争にまきこまれる可能性が少ないと自分は断言してはばからない」

と述べ、軍備を充実し、侵略国と戦っている国を援助することを強調した。

以上のようにアメリカは、イギリスと中国を援助し、日独伊と戦う決意をかためて、戦備をすすめたのであった。それは、ファイスが指摘するように、近衛、松岡、東条、豊田らの予想とまったく反対で、そのために日本は、アメリカぬきで中国とイギリス

と戦い、これを屈服させてアジアの支配者になろうという目算がはずれ、逆に太平洋戦争に踏みこんでいくのである。

井上成美は、昭和三十八年秋に、『太平洋戦争への道』(朝日新聞社) 執筆者角田順から所見を求められて、〔その一〕から〔その五〕までの読後所見を書いた。〔その三〕に三国同盟にかかわることがあるので、それを紹介したい。

――豊田(貞次郎次官)が三国同盟締結後語った、

「三国同盟には反対しないが、日米戦争は極力さけるのがその一貫した方針だった」

の言。

十五年九月十九日、伏見宮総長は三国同盟締結賛成を表明する時の希望事項として、

「本同盟締結せらるるも為《な》し得る限り日米開戦は之を回避するよう万全を期する事」

と開陳した――(筆者註・以上が設問)

「右海軍首脳部の言は両立せざる二つの国策を爾後《じご》の日本の進む道として併せ呑《の》んだもので、何度読んでも道理に合わないと思う。

日米関係の悪化は、その根源は遠く対支二十一ヶ条の強制、満州事変、支那事変と年と共に悪化の一途をたどりつつあったので、之を正常化するには之等の病源を清算

する位の覚悟を必要とする次第なるが、更に米国人の一番嫌っている国民しかも一年前以来非道の侵略戦遂行中で、米と関係緊密な英国と交戦中の独と軍事同盟を結ぶ事は対米戦に一歩を進める事になる点に思い至らないとは誠に不思議と申すの外なく、正常な理性の持主とは考えられない。（中略）

次に軍令部の英独戦に対する戦局判断であるが、

一、独の航空部隊は海上で敵艦を攻撃するように装備、教育、訓練されていたか。対陸軍協同作戦の成果のみで類推できない諸要素ある事を思うべきである。日本海軍航空と同様に評価する事は誤りである。

二、英海軍健在の時、英に比し取るに足らざる劣弱の独海軍で英本土に決戦兵力を送り、且《かつ》勝敗決するまで独のその必要とする軍用資材の補給可能なりや。

三、英本土は狭小なるも背景は大なり（加奈陀《カナダ》、濠州、更に米の存在あり）、あの粘り強い英国は容易には屈しないと思う」

昭和三十二年十月に発行された、海軍兵学校第三十七期会会誌『海軍生活の思い出続篇―古稀号』に、井上の「思い出の記　続篇」というのが載っている。

そのなかで、三国同盟締結について、井上はつぎのとおり書いている。

――日独伊三国同盟は、昭和十五年九月、及川大臣、豊田次官（豊田大臣、及川次官と言った方がピッタリ）の時結ばれ、日本海軍数十年の伝統を破って、海軍までが親独に踏み切った（筆者註・従来は親英）。

その後、ある席上で、

「われわれが生命を賭してまで守り戦った三国同盟に、その後一年たつと、いとも簡単に海軍が同意したのは如何《いか》なる理由によるのか」

と、当時の責任者（筆者註・豊田と思われる）に尋ねたら、曰《いわ》く、

「君達の反対した自動参戦の条文は、ぬいてあるので、あと何も問題ないんだよ（筆者註・条文はぬいていない、付帯条件の交換公文があるというのが事実）」

との答で、われわれの時は独は戦《いくさ》はしていなかったのに、今度独伊と結んだ時は、独は不徳千万な侵略戦争をやっている最中であると言う大事なことを考えもせぬ、のん気というか、おめでたいと言うか、全く評するに言葉なしで、只只唖然《ただただあぜん》たり――

これにひとつつけくわえるが、海軍書記官榎本重治は、三国同盟締結まえに、及川海相に、

「現に交戦中の一国と同盟条約を結ぶことは、大国として類例をみないこと」

という反対意見書を提出していた。

井上は、三国同盟締結直後の十月一日に、海軍航空本部長に補され、十月七日に着任した。ふたたび、海軍省赤煉瓦《あかれんが》内勤務となったが、中央の空気は、一年前とはだいぶ様子が変わっていた。そのことを井上は、「思い出の記」で、

——時あたかも三国同盟が結ばれた直後で、見ていると海軍省、軍令部の若い連中は（若い連中というが、どうも局長、部長級も同罪としか思われない情況だった）独逸《ドイツ》第五列の宣伝工作も手伝ってか、陸軍と一緒になって、独逸は強いんだ、独逸と組んでいれば天下何者も恐るるに足らず、といった態度である。

一年余り前の私の軍務局長時代には、支那に於ける軍事行動も、常に米国を刺戟せぬ様、米を怒らせない様にと苦心し、航空部隊の連中には気の毒だったが、その軍事行動に非常に厳しい制限が加えられたし、又「パネー」号事件（筆者註・昭和十二年十二月、日本海軍機が、南京付近の揚子江《ようすこう》に碇泊《ていはく》中のアメリカ砲艦「パネー」号を誤爆して沈没させた）の如《ごと》き国際問題の処理には、ずい分苦労もし、努力もした。

山本次官もあの時は、本場仕込みの英語に物云わせて自ら大使館にまで行って、先方の誤解を解く為《ため》に努力されたものであった。

所が今度東京へ来てみて、何となく英米軽視の空気濃厚なのに驚いた——

と書いている。

ひさしぶりに会った書記官の榎本には、

「松岡外相は、日独伊三国が手を握れば、アメリカは引っこんでしまうといっているようだが、こういうのを痴人の夢というのだろう」

と、きびしい口調でいったという。

以上のように、三国同盟にたいする井上の反対論は、自動参戦義務をはずすだけでなく、一切を認めない、内閣が何回総辞職しようが、陸海軍が戦って内乱となろうが、三国同盟には絶対反対だという徹底したものであった。しかし、当時、井上のように考え、行動しようとした海軍首脳は、ほかに誰ひとりいなかった。

三国同盟につづき、日独伊はソ連をこれに引きこんで四国同盟とし、アメリカを牽制しようとした。

昭和十五年十一月十二日と十三日に、独ソベルリン会談がひらかれた。ドイツ側がヒトラー総統とリッベントロップ外相、ソ連側がモロトフ外相であった。そこで日ソ国交調整ももち出されたが、かんじんの独ソ間の利害調整ができずに会談は失敗に終わった。

ところが、ヒトラーはこれを日本に知らせないばかりか、十二月十八日には、

「対ソ戦を翌年五月までに完了せよ」

と国防軍に命じ、これも日本へは知らせなかった。

「日本は信頼すべき相手とみるべきではない」

と、ヒトラーが日本を蔑視《べっし》して、差し止めたのである。

反戦井上の一生の不覚

井上は、航空本部長で海軍次官代理を兼務していたほんの二週間のあいだに、一生の不覚ともいうべき大失策を犯した。

昭和十六年四月半ばのことであった。及川海相から、

「総長殿下が軍令部をやめたいとおっしゃるんだが、どうしたらよいかなあ」

と聞かれた井上は、内心、それこそ海軍にとって一番のぞましいことと思ったらしい。

「ご承知になったらいいでしょう。もともと皇族様はこのような重大時局に、軍令部総長のごとき最重要の『ポスト』におつきになるようには育っておられないので、下の者の発案して持ってくる事柄にはたいていいは、いけない、とはおっしゃらず、がま

んしてでもそれを通すように育っておられるのだと思います。

　その結果、軍令部総長が宮様だと下僚政治が行なわれ、次長が総長のごとき権力をふるう結果となり、次長が馬鹿だと軍令部が無能になり、次長が下劣な悪い人だと、宮様を悪用して海軍省を心理的に脅迫して横車を押したりすることになります。それゆえ、殿下のご希望をお容《い》れになる方が、宮様のためにもよろしいと思います」（「思い出の記」）

　と、いささか、いわなくてもいいようなことまでも、このさいとばかりぶちまけた。要するに、宮様総長というものは、害あって益なしだから、権力のない無難なポストにおうつり願った方がよろしいということを、婉曲《えんきょく》に、しかしかなり皮肉っぽくいったのである。

　宮様とは、伏見宮博恭《ふしみのみやひろやす》王元帥で、昭和七年二月から満九年以上も軍令部総長（筆者註・昭和八年十月一日に、従来の「海軍軍令部長」が「軍令部総長」に改称された）をつづけている六十五歳の老人である。

　その間の軍令部次長は、高橋三吉、加藤隆義《たかよし》、嶋田《しまだ》繁太郎《しげたろう》、古賀峯一《みねいち》、近藤信竹という各中将であった。このなかで「宮様を悪用して海軍省を心理的に脅迫して横車を押す」というのは高橋三吉で、「次長が馬鹿だと軍令部が無能になる」というのは近藤信竹のようである。

井上は近藤について、戦後の昭和三十八年末ごろ、『太平洋戦争への道』執筆者の角田順への読後所見〔その二〕で、

――当時の近藤は兵学校は首席で卒業（三十五期）せしも、恩賜《おんし》の上に安坐《あぐら》をかいて爾後《じご》の勉強を怠ったため、「中佐すぎれば只《ただ》の人」となれり。この人は国を誤れり――

と書いている。

また伏見宮は、昭和八年の「軍令部条例」改正のところで述べたが、軍令部のことばかりでなく、海軍省のことにも口を出す宮様であった。その後、海軍省首脳人事については、伏見宮の同意がないと決定できないという不文律になっていた。

昭和十五年九月の海軍首脳会議では、一同に論議をさせずに三国同盟締結にだまって従わせるような発言をしている。

だから伏見宮の引退は、海軍のためにいいことであった。

及川は、つづいて、

「後任には誰がよいかね」

と聞いた。

これにたいして井上は、このさいの最適任者は誰かということをよく調べずに、常識的に、現役大将の最先任者がよろしかろうとこたえ、及川もそれに同意した。それが兵学校第二十八期の永野修身《おさみ》であった。

ところが、この永野が宮様総長よりも有害で、二ヵ月後には南部仏印進駐を積極的に提唱し、五ヵ月後の御前会議では早期開戦論をぶちあげて天皇を歎《なげ》かせ、東条陸相をホクソ笑ませるのである。

海軍きっての反戦論者の井上が、海軍きっての主戦論者を推薦してしまった感がある。

永野でなしに、この重大時局のさい、思いきって予備役の米内光政《よないみつまさ》を現役に復活させて軍令部総長にしたならば、海相の及川も、首相の近衛《このえ》も力をえて、陸軍に負けずに対米戦を阻止できたかもしれない。

このことを井上は、昭和三十九年はじめごろ、『太平洋戦争への道』執筆者角田順への読後所見〔その四〕で、つぎのとおり書いている。

――十六年四月、永野、軍令部総長に就任し、同氏はワシントン海軍条約会議当時、在米大使館付武官として米国に在勤、米国の事情に通じており、日米戦争生起の場合その勝敗の決の如何《いかん》は百も承知のことと考え、そのことのみを日本を救う唯一の望としてひそかに期待していた次第であったが、事はぜんぜん期待に反し、対米戦已《や》むを得ずと日を追って強気となり、逆に対米戦突入まで暴走したり。

事ここに至りし主因は、第一委員会（筆者註・昭和十五年十一月十五日発足。海軍国防政策委員会第一委員会—軍務局第一課長高田利種大佐・軍務局第二課長石川信吾大佐・軍令部第一部戦争指導班長大野竹二大佐・第一部第一課長富岡定俊大佐）起案の十六年六月五日付、「現情勢下に於《お》て帝国海軍の採るべき態度」が省（筆者註・海軍省）、部（筆者註・軍令部）を動かし、省部の首脳（筆者註・及川海相、永野総長）の決裁を獲たることがその最大の因由と思う。

右の文書は、初頭より末尾まで穴だらけの誠に軽蔑《けいべつ》に価する怪文なるにかかわらず、省部上層何の反省もなく下僚に押し切られたるロボット振り、甚《はなは》だ情なく感ず——

井上は、永野の在米駐在武官という経歴から、永野が対米戦反対論者であろうと、ウカツにも速断し、それがとんでもない見損じだったことを知り、無念のホゾを噛《か》んだのである。

戦後井上は、永野を対米開戦の責任者の一人として、「三等大将・国賊」と罵倒《ばとう》するが、それを推薦した井上も、重大な責任の一半を免れないわけである。

とくに海軍大臣、軍令部総長、連合艦隊司令長官などの最高首脳人事は、松岡外相の場合もそうだが、一つまちがえれば国家に大厄をもたらすから、よほど注意すべきであろう。

六月五日付の「現情勢下に於て帝国海軍の採るべき態度」を起案したのは、親独反米英の先鋒《せんぽう》である軍務局第二課長石川信吾大佐であった。

それにたいして井上は、昭和三十八年秋に、『太平洋戦争への道』執筆者角田順への読後所見〔その一〕で、つぎのように批判している。さいしょに第一委員会文を示し、そのあとに井上所見を示す（各文は、分かりやすく書きなおした。傍線、傍点は井上によるものである）。

第一、情勢判断

一、情勢判断の基礎条件

㈠現下の世界的大変動の情勢下において帝国百般の施策は、究極において帝国の自ら保有する国力を基礎とし、その自存自衛上ぜったい必須たるべき地歩を確立するをもって、その目標となさざるべからず。

すなわち帝国が自存自衛の方途を画する所以《ゆえん》は、これによって帝国の自力を強化し、もって情勢の変転に即応し、和戦の決を誤らざらんとするにあり。

「部下が持ってきたら、左記のとおりいって却下します。

情勢判断はつねに己を空《むな》しくして客観的観察により資料をもとめ、これに基礎資料として冷静なる科学的判断を下すべきなり。

『自国の自存自衛上必須《ひっす》たる地歩の確立』など広大なる国土に恵まれ、人的物的資源豊かなる工業力の大なる世界一の大国のみができることなり。かくのごとき大国といえども、他国より輸入を要する物資皆無なるは存在せず。

そのため自衛の目的が自力の強化にありとは誠に驚くべき思想なり。

自存とか自衛とかきわめて穏やかな国家の最小限度の本質的な権利の意味を用いながら、これによって自力の強化をめざすとは、自衛の限度を越脱せる危険なる思想なり。Militarism Expansionism か」

(二)帝国の当面せる諸情勢はいわゆる鍔競合の境地にあり、すみやかに和戦いずれかの決意を明定すべき時機に達せり。しかして和戦の決の最後的鍵《かぎ》を握るもの帝国海軍において他にこれを求めえず。

ゆえに帝国海軍まず自らの情勢判断にもとづき、その根本方策を策定せざるべからず。

「情勢判断の基礎といいながら、情勢判断の判決がまっさきに出てしまっている。最初から結論を自分で決めてしまっている」

二、物資に関する情況判断

戦時必需特殊資材に関し泰《タイ》、仏印および蘭印よりの供給を確保せば、概《おおむ》ね帝国は軍備上および生産力拡充上自存の方途確立す。ゆえに泰、仏印および蘭印は帝国自存上已《や》むを得ざれば、武力をもってするも確保するを要す。

また現状においても現行経済協定ていどの取得にては不充分にして、武力的背景のもとにすみやかに取得額増加の手段を講ずるを要す。

「ここで本音を吐きたり。

上記の諸国と親交をむすび、商取引で目的を達すべし。これならば英米も何の非難すべき理なし。武力をもってする示威、脅迫または武力占領は国軍の本質を汚し、その名誉を毀損《きそん》するものなり。また、かくのごとき行動は対英米蘭戦争にみちびくものなり。

断じてかかる暴挙に出ずるべからず。

しからずんば、自存上のためと称して為《な》す行為がそのまま日本の敗戦を招来すべし」

三、極東方面における戦略的諸情勢の検討

泰、仏印にたいする英米の軍事的進出はいまだその兆候あらわれざるも、仏印は帝国と英米との勢力を測りつつ、その去就を決せんとしあり。ゆえに帝国にして早きに及んでその実力的把握の策に出でざれば、帝国が国際的危局に臨む場合、足下より意外の反撃を喫するおそれなしとせず。

すなわち不敗の地位を築かんとせば、まず仏印の首鼠《しゅそ》両端を封ぜざるべからず。

泰の現状は現政権のみは親日なりといえども、同国全般の趨勢《すうせい》はなお英の掌握下にある部門多し。ゆえに先んじて英米を制せざれば、いつ豹変《ひょうへん》するやも測られず。

これを要するに、泰、仏印の両域においては、帝国進出せざれば英米我に先んずるの状勢馴致《じゅんち》するに至るべし。

蘭印の動向は今日ほとんど英米と行動を一にしあること明瞭《めいりょう》にして、尋常一様の手段によりわが経済的要望を達成し得べくもあらず。

いわんや蘭印の現状は英米と軍事的連合に走らんとするにおいてをや。しかして蘭印のもっとも恐れるところは帝国の武力行使にあり。ゆえに帝国にしてその姿勢を示すことは対蘭印施策上きわめて有効なりとす。右の見地において仏印および泰にたいし帝国の軍事的地歩を進むること緊要なり。

「日本のごとき国土狭少、天然資源に乏しき国は運命的に不敗の地位など築くこと不可能なり。論者の想定する敵が英米なりとせば、日本は彼らを屈服する極め手を有せざるをもって、彼らと戦争せんか、終局の勝利の彼らに帰せんこときわめて明瞭なり。海軍主力間の決戦の勝敗のごときは国家総力戦の今日、単なる一時機の一局地戦の勝敗にすぎざることを覚《さと》るべし。

なお、泰、仏印、蘭印といえども、われと同様自存自衛（狭き意味の）の権利あり。彼らの窮状に乗じてその領土を侵さんと企図するがごときは国軍の乱用悪用なり。帝国の軍隊はかくのごとき不義不徳の戦《いくさ》を為さんがために育成されおるものにあらず。かくのごとき不義不徳の戦に千万の将兵を死地に投ずるを罪悪と思わざるか。道理の通らざる戦で死ねと部下に命ずることができるか。しかして将兵はこんな軍に行ってよろこんで死ねるか。

国軍は提督や将軍の私物にあらざるぞ。

また、省（筆者註・海軍省）および統帥部（筆者註・軍令部）はいずれも陛下の幕僚なり。幕僚は長上の御意志が何《いず》れにあるかを洞察し、その意に合するごとく、その裁決準備をなすべきなり。

余はあえていわん。前記のごとき不信の戦を起こすことは、ぜったいに陛下の大御心でないことを断言す」

（後略）

このあと、六月二十二日に独ソ戦が開始されるが、中間の六月十三日に、小さいがきわめて興味ある一つのできごとが起きた。

前記野村実は、防衛大学校の海上防衛学教授となるが、防衛庁第二戦史研究室長をしていた昭和五十七年三月に、『太平洋戦争の日本の戦争指導』という論文の小冊子をつくった。そのなかで、つぎのとおり書いている。

――駐日英国大使クレーギーは四一年（筆者註・一九四一年＝昭和十六年）六月十三日、外務省に次官大橋忠一を訪れたとき、

「米ソも戦争に捲《ま》きこまるること必定《ひつじょう》なるに、日本ひとり中立を維持しうる絶好の地位にある」

と述べた。

独ソ開戦の直前で、米国の英国援助のための対独参戦が世界最大の課題になっていた時点であり、クレーギーの言葉は冷静に検討すると、あながち空想とはいえない。

当時日本の戦争指導関係者は、ＡＢＣＤ対日包囲陣を口にし、いまにも日本は米・英・中・蘭の各国によって軍事的、経済的に締め殺されるかもしれないとの危機感に

悩まされていた。戦後になってこれらの国々の史料によって、日本人が信じていたようなＡＢＣＤ対日包囲陣の共同謀議の企画を立証する作業が、まだ成功しているとはいい難い。当時の日本人は戦争指導者を含めて、御製《ぎょせい》の示す国際主義・平和主義の哲学に欠けていたといえるのであろう――

御製というのは、昭和十六年九月六日の御前会議で天皇が切々と誦《しょう》した明治天皇の御製で、つぎのとおりである。

四方の海　皆同胞《はらから》と思ふ世に
　　など波風の立ちさわぐらむ

なお野村は、当時の日本の戦争指導関係者は国際主義・平和主義に欠けていて、どういう主義であったかについては、

――一九三九年（昭和十四年）秋以降の日本の政策決定過程で立案され決定されたおびただしい文書を検討するとき、これらの史料の背後に根づよく流れているのは、地球上は国家の生存競争の舞台であり、「食うか食われるか」の戦国時代的な理念が支配しているとする感覚である。陸軍の石原莞爾《かんじ》の「世界最終戦論」の背後には、この理念が明白に読みとれるし、開戦直前の海軍の永野修身の「戦機ハ今日」で、この機を失すれば開戦の機を「英国ノ手ニ委《ゆだ》ネ」るとの感覚も、その例外ではない――

と書いている。つまり、空想的力主義であり、軍国主義・帝国主義といえそうである。

親独派の先鋒である石川信吾起案の「現情勢下に於《おい》て帝国海軍の採るべき態度」もそのとおりであろう。

また、ここがいちばん問題なのだが、石原、永野にしても、石川にしても、そういう思想は悪いものではなく、当然のことであり、またそうすることで日本がアジアの覇者になれるのだと信じていたらしいことである。今日では井上の方があたりまえで、石原、永野、石川らの方がまちがっているということになるが、当時は逆で、井上の方がまちがいで、「ネゴト」であり「腰ぬけ」であり「国賊」だったのである。

しかし、日本が対米戦を辞せずという考えになった理由を見なおすと、やはり短気すぎたというほかないようである。

第一は、アメリカに大きな顔をされて、帝国陸軍がだまっておめおめ中国・満州・仏印から引き揚げられるかという、陸軍のコケンにこだわりすぎたことである。

第二は、アメリカは日本を騙《だま》し、日本にとってかわり、アジアを支配するつもりである。ヒトラーのドイツは信用できるが、ルーズベルトのアメリカは信用できないと、読みをまちがえたことである。

第三は、日本は、明治以来の努力の結晶である東アジアの権益のすべてを失い、アジア諸国からも軽蔑されて孤立し、日本の生存は不可能になる、と短絡的に頭から決めてかかり、アメリカ、イギリス、中国と協調した場合に何が得られるかという現実を見きわめようとしなかったことである。

前記の元海軍大佐の大井篤は、空想的力主義に汚染された者を「憑《つ》かれた人」といっている。日本陸軍はじめ、それに追随した多くの人びとは「憑かれた人」で、ひとつの考えに凝り固まり、自由にものが考えられなくなっていたようである。

なぜそうなるかといえば、劣等意識からくる反逆心と、金力権力への独占欲と、謀略と武力への過信が、空想あるいは妄想を生むからであろう。

井上が期待をかけた永野軍令部総長は、六月十二日の大本営・政府連絡懇談会で、さっそく強硬な対米英主戦論者ぶりをみせた。その議事録には、

――軍令部総長「南方施策促進に関する件」を説明す。この際軍令部総長は、仏印が応ぜざる場合ならびに英米蘭が妨害したる場合、武力を行使することに関し強調せり――

とある。

「南方施策促進に関する件」の内容は、南部仏印へ日本軍を進駐させ、マレー、シンガポール、蘭印などの占領をねらうものであった。仏印側が抵抗すれば武力で占領しようというものである。

当時の軍令部第三部（情報）長・兵学校第四十一期の前田稔少将は、これについて、要点つぎのように述懐している（『大本営海軍部　大東亜戦争開戦経緯(2)』より）。

――南部仏印進駐は対米英戦争生起の場合の準備であり、南方の戦略要点を先制的に占拠しようとするものであった。

南部仏印進駐には、（中略）㈠大東亜共栄圏の基盤として仏印・泰を確保する。㈡米国の対独参戦態度の濃化に対処する。㈢英米の先制占領は日本にとって致命的打撃である。㈣陸軍を南方にけん引する（筆者註・海軍の南進策に協力させる）、などの理由またはねらいがあった。

当時海軍側は戦争を賭《と》しても南部仏印に進出するという気配が十分であった。私は第三部長として主戦論者であり、戦争以外にはないと考えた。戦略資源（筆者註・とくに石油）の枯渇が大問題であった。第三部に慎重論はなかった。四、五月ころから戦争気分が支配的となった。四、五月ころが戦争のわかれ目であったと思う。情報活動もしかり、永野総長は万一の場合戦争を辞さないという肚《はら》を着任当時から持っていた。途中で迷うということはなかった。永野総長は戦争不可避と考えていたのである。勝敗の見通しについては、一般に日露戦争の時のようなはっきりした結果は求められない、五分五分の長期不敗態勢が確保できれば可と考えられていた。南方戦略要点をおさえ戦争の長期化に備えなければならぬ、南方の確保可能ならば、独逸の優勢と相まって（筆者註・海軍情報将校がこのような判断をするのは不可解）長期戦争の遂行可能であるという判断であった――

井上は、軍令部第三部については、昭和三十八年末ごろ、『太平洋戦争への道』執筆者角田順への読後所見〔その二〕で、つぎのとおり書いている。

――軍令部第三部は情報主務となっておるが、世界情勢の結論を出すだけの人員配員をやっておらず。

殊《こと》に中、少佐の対何国主務と申しても、単にその国の「アタッシェー」から送ってよこす新聞、雑誌、議会の速記抜粋等の「スクラップ」貼《は》り方をやる下級事務員にすぎず。

これらの者の調査を基礎としながら情勢判断をなす部長、課長等に有能な人物を配しておらず。

一、二年で海上に出たり、他の配置についたり、人事上の欠陥大いにあり――

七月二日の御前会議では、六月二十五日に裁可された「南方施策促進に関する件」につづき、「情勢の推移に伴う帝国国策要綱」が決定された。その要点はつぎのとおりであった。

「日本は自存自衛上、南方要域にたいする外交交渉をつづけ、その他各般の施策（とくに武力行使の準備）を促進する（目的は主に石油、ゴム、錫《すず》などの資源獲得）。

このため対英米戦備をととのえ、仏印およびタイにたいする諸方策を完遂し（日本の要求を認めさせる）、南方進出の態勢を強化する。

日本はこの目的のため対英米戦を辞さない」

これについて、『大本営海軍部　大東亜戦争開戦経緯⑵』は、

——この要綱の取りまとめに当初から参加し、経緯を熟知する岡軍務局長および大野大佐（第一部長直属）の戦後の述懐によれば、そのもっとも積極的な意図を表現するように響く「対英米戦ヲ辞セズ」というのも、自存自衛の立場からむしろ当然であり、また、これにより南方問題が一歩前進したという気持はなかったのであり、ただ、対英米戦争に備える一根拠を得たというにすぎなかったという。

このような姿勢、このような心境は、基底に、日本の自存自衛の行動に対してきびしい挑戦を受けているという認識があるからにほかならない。それが自存自衛の行動

であったか否かを裁く客観的な指標は、当時はもちろん、戦後といえども分明ではないであろう。ただ、そのような認識は、当時、英米が日本からその自存自衛に対し、深刻な脅威を感じていたというのと、同じ動機、同じ理由に基づいていたことは明らかである。それが相互作用の現実であり、エスカレーションの実態だったのである

——と書いている。

ここで問題になるのは、「自存自衛」の解釈であろう。同書は、「それが自存自衛の行動であったか否かを裁く客観的な指標は、当時はもちろん、戦後といえどもないであろう」と書いているが、果たしてそうであろうか。

過去において、英仏蘭独露米などの白人国が、武力によってアジアに進出し、植民地をふやしてきたことは、「自存自衛」であったろうか。

それにならい、日本が韓国・中国・北部仏印などに武力によって進出したことは、「自存自衛」であったろうか。

もしこれらが「自存自衛」ならば、戦後のソ連が日本の北方領土を占領しているのは、あるいはアフガニスタンを占領しているのは、「自存自衛」でなくて、何といえばいいのであろうか。

日本が、韓国・中国・仏印（ベトナム・ラオス・カンボジア）・蘭印（インドネシア）・マレーなどを武力支配しなければ、「自存自衛」ができなかったかといえば、そんなことはなかったはずである。その証拠には、今日の日本は、小さな領土だけだが、国際主義・平和主義による政治経済活動で、豊かで自由な国になっている。

日本海軍は、明治以来、海洋国であるイギリスにならい、これと親しくして、自由主義・合理主義で行動してきた。

一方日本陸軍は、大陸国であるドイツにならい、これと親しくして、統制主義・力主義で行動してきた。その結果、日本およびアジアの支配をめざし、ドイツと組み、イギリス・アメリカを敵として、それに勝てると空想した。

この陸軍に海軍は妥協をかさね、昭和十五年九月の北部仏印進駐・三国同盟締結の時点から、伝統の海軍主義を捨て、陸軍主義に転向し、十六年七月には、「対英米戦を辞せず」に至った。

そうでなければ、ドイツがイギリス海軍を破るなどと考えるはずがなかった。

また、日本にとって、米英と協調するのと、ドイツと協調するのとどちらがベターか、平たくいえば、どちらがトクかぐらいは判《わか》るはずであった。

昭和の海軍はリコウになってバック・ボーンをなくし、譲ってはならないものまで譲り、国を誤ることになってしまったようである。

井上は、「情勢の推移に伴う帝国国策要綱」の決定を、御前会議の翌日の七月三日に、海軍省・軍令部の臨時局部長会報の席で知らされた。二、三日まえの閣議で南部仏印進駐も決定したということであった。

井上は、これはアメリカと戦うことになるが、戦備はなにもできていない、また、陸軍が兵員召集、軍需物資の強引な調達に狂奔《きようほん》するから、海軍の戦備はかえって遅れると、及川海相に抗議した。

及川海相、沢本次官（頼雄、中将、兵学校第三十六期）が、

「閣議決定だから」

というと、井上は、

「そんなことで大臣がつとまりますか。南部仏印進駐に文句をいったのは、手つづき上の問題ではなく、事柄が重大すぎるからだ」

と、どなった（伝記刊行会『井上成美』には、この会に出席した榎本重治書記官の証言とある）。

この数日後のことについて、井上は、「思い出の記」につぎのように書いている。

――各鎮、各艦隊長官の上京を求め、大臣官邸で、南部仏印進駐に決したことを大臣から披露した。私も御相伴でその席に連なった。

山本GF（筆者註・五十六《いそろく》連合艦隊）長官は、

「航空軍備の方はどうなんだい」

との御質問だったので、

「航本（筆者註・航空本部）は一生懸命やっていますが思うように進まず、正直なところ、航空魚雷、徹甲爆弾等山本長官の次官のときからほとんど見るべき進展はありません。そのうえこんどの仏印進駐の動員で、重要工員の応召による影響は重大です」

と申し上げた。

古賀2F（筆者註・峯一、第二艦隊）長官は、

「かような重大なことを艦隊長官の考えもきかずにかんたんに決め、万一戦《いくさ》になって、さあやれと艦隊にいわれたって、勝てませんよ。艦隊には艦隊の開戦の時機というものがある。いったいこんどのことにたいする軍令部のお考えはどうなのですか」

との質問にたいし、永野軍令部総長は、

「政府がそう決めたんだから仕方がないだろう」

と、いったい軍令部総長は和戦の鍵を握る軍令部の大きな責任が判っているのかしら、と思われるようなまことに無責任きわまる返事に、古賀長官唖然。

その日、昼食は官邸で会食。食後私は自分の室《へや》へ帰って来ていると、古賀さんが入って来て席に着かぬ先から、

「うふふふ、さっきの永野さんのいったことは、あれはなんだ。永野さん、いったい軍令部の立場がほんとうに判ってないんだねえ。おどろいた頭だ」

と嘆息。

そこへこんどは、山本長官も入ってきて一緒になり、山本さんは、

「永野さん、だめだ」

といって怒っておられた。それから山本さんは、

「甘い菓子ぐらいありそうなもんだなあ」

というので、到来ものの「チョコレート」の箱を出すと、

「これあまり上等でないな」

などと冗談をいいながら、食べておられた。

十六年八月初め、私は片桐さん（筆者註・片桐英吉中将、兵学校第三十四期）にあとをゆずり、第四艦隊長官に転出、南洋に飛んで去る。榎本書記官は、私に向って、

「井上さん、邪魔にされましたね」——

七月二十三日、南部仏印進駐の大命が下ると、米国政府は、七月二十五日、在米日本資金凍結発令、二十六日午前零時発動を発表した。

七月二十八日、日本軍は南部仏印へ進駐を開始した。

ついで八月一日、米国政府は日本にたいして石油禁輸令を発令した。日本政府や陸軍や、海軍の一部が、まだそこまではやるまいと甘く見ていた経済断交を米国は決行したのである。ワシントンの在米大使館付海軍武官横山一郎大佐は、

(日本海軍の貯油は二ヵ年の作戦を支えるにすぎない。石油補給の方途がなければこの貯油を食いつぶし、早晩艦隊があっても動けない状況に追いこまれる。米国の条件をのんで戦争を回避するか、亡国を賭して戦うか、帝国として決定せねばならぬ日が迫った)

と、沈痛に考えこんだ。

八月八日、国務長官のハルは、野村大使に、「仏印より撤兵し、泰国とともに中立を保証することを要請す」という文書を手わたし、

「日本の政策に変更がないかぎりは、話し合いの根拠はない」

と、クギをさすようにいいわたした。

バカヤロー、何が「奇襲ニ成功セリ」だ

井上成美中将が第四艦隊司令長官に親補されたのは昭和十六年八月十一日で、八月二十一日にサイパン島の第四艦隊旗艦鹿島《かしま》に着任した。鹿島はもともと練習航海用につくられた巡洋艦で、戦闘能力というほどの兵装はなく、通信装置ぐらいがまともな、いわば司令部専用のフネであった。

井上が着任すると、鹿島はすぐカロリン諸島の中心トラック島の夏島へ向かった。第四艦隊は、そこを基地として、マリアナ諸島、カロリン諸島、マーシャル諸島の防備に当たり、またこれらの島々を基地として活動する艦船・航空・陸上の各部隊を支援するのが任務であった。

航海参謀・兵学校第五十四期の土肥一夫少佐は、七月下旬に軍令部から防備強化い

そげの指令がきたために、それ以後テンテコマイをしていた。その一ヵ月半ほどまえに、軍令部、軍務局に行って、各島防備の兵器・資材を要求したときは、まだ戦争のセの字もなかった。軍務局第一課の吉田英三中佐はいった。

「おまえ、戦《いくさ》する気か」

「しないんですか」

「戦なんか当分ないよ」

わざわざ遠いトラックから東京まで出かけてきて、もらえることになったのは、航路標識用のブイだけだった。

トラックに帰ってがっくりしていたところへ、急に「防備強化いそげ」の指令であった。

(なんちゅうこっちゃ)と土肥は思いながら、あたふた仕事にかかったのである。

井上は、「思い出の記」にこう書いている。

——八月初めに、私は四艦隊に転出し、自分の主張した南洋島嶼《とうしょ》防備の責任を負わされた。行って見て、何もできておらず、また開戦になっても何もやってもらえず、まことに驚きもし、また苦労もした——

九月三日、近衛・ルーズベルトの日米首脳会談についての事前交渉が不調に終わり、日米国交調整は手がかりがなくなり、絶望的となった。

九月六日の御前会議では、対米（英、蘭）開戦を決意する「帝国国策遂行要領」が決定された。その要点はつぎのようなものであった。

一　日本は自存自衛を全《まっと》うするため、対米（英、蘭）戦争を辞さない決意の下に、十月下旬を目途として、戦争準備を完整する

二　（省略）

三　外交交渉により十月上旬ごろに至ってもわが要求を貫徹できないばあいは、ただちに対米（英、蘭）開戦を決意する

別紙

対米（英）交渉において日本の達成すべき最小限度の要求事項と日本の約諾できる限度

第一　対米（英）交渉において達成すべき最小限度の要求事項

一　米英は日本の支那事変処理に容喙《ようかい》し、またこれを妨害しないこと

二　米英は極東において日本の国防を脅威するような行為に出ないこと

三　米英は日本の必要物資獲得に協力すること

(イ)　日本との通商を回復し、また南西太平洋における両国領土から日本の自存上

必要な物資を日本に供給すること

(ロ) 日本と泰《タイ》および蘭印との間の経済提携について友好的に協力すること

第二 日本の約諾できる限度

第一に示す日本の要求が応諾されたばあいは

一 日本は仏印を基地として、支那をのぞくその近接地域に武力進行をしない

二 日本は公正な極東平和確立後、仏領印度支那より撤兵する

三 日本は比島の中立を保証する

しかしこれは、従来の対米交渉の一方的な基本的態度をくりかえして示したものにすぎなかった。つまりは、どうしてもこれをのめ、さもなければ戦争になるぞと、スゴんだようなもので、アメリカが承知するはずもなかった。

この案は、政府と陸海軍統帥部(参謀本部・軍令部)の意見一致によってできたものであったが、それを通すために御前会議で主役を演じたのは軍令部総長の永野修身であった。その趣旨説明の要点はつぎのとおりである。

「……外交交渉において帝国の自存自衛上のやむにやまれぬ要求(筆者註・この認識は独善的と思われる)すら容認せられず、ついに戦争避くべからざるにたちいたりますならば、帝国としてはまず最善の準備をつくし、機を失せず決意、とくに毅然《きぜん》たる

態度をもって積極的作戦に邁進《まいしん》し、死中に活を求むるの策に出でざるべからずと存じます（筆者註・抽象的、非合理的）。

作戦の見透《みとお》しに関しましては、彼が最初より長期作戦に出ずる算はきわめて多いと認められますので、帝国といたしましては長期作戦に応ずる覚悟と準備とが必要であります。

もし彼にして速戦即決を企図し、その海軍兵力の主力を挙げて進出し来り、速戦をわれにもとむることあらば、これわが希望するところでございます。

欧州戦争の継続中なる今日、英国が極東に派遣しうる〔海軍〕兵力は相当の制限をうくべく、したがって英米の連合海軍もこれをわが予定〔決戦〕海面に邀撃《ようげき》する場合、飛行機の活用等を加味考量いたしまするに、勝利の算はわれに多しと確信いたします。

ただし帝国がこの決戦に勝利を占めえたる場合におきましても、これをもって戦争を終結に導きうること能《あた》わざるべく、おそらくは爾後彼はその犯されざるの地位、工業力および物資〔力〕の優位をたのんで、長期戦に転位するものと予想せられます。

帝国といたしましては、進攻作戦をもって敵を屈して、その戦意を放棄せしむる手段を有しませず、かつ国内資源に乏しきため、長期戦ははなはだ欲せざるところでありますが、長期戦に入る場合、よくこれに堪えうるの第一条件は、開戦初頭、すみやかに敵軍事上の要所および資源地を占領し、作戦上堅固なる態勢をととのうるとともに、その勢力圏内より必要物資を獲得するにあり。この第一段作戦にして適当に完成されますならば、たとえ米の軍備が予想どおりすすみましても、帝国は南西太平洋における戦略要点をすでに確保し、犯されざる態勢を保持し、長期作戦の基礎を確立することができます。

その以後は有形無形の各種要素をふくむ国家総力の如何《いかん》、および世界情勢の如何により決せらるるところ大であると存じます。

かくのごとく第一段作戦の成否は長期作戦の成否に大なる関係がございます」

この永野の趣旨説明にたいして、井上成美は、昭和三十九年二月ごろ、『太平洋戦争への道』執筆者の角田順への読後所見〔その五〕で、要点つぎのように批判している。それぞれの文の傍線は井上によるものである。

「……永野の陳述は(中略)緒戦期には勝算あり、と述べている。

(今開戦すれば)を条件としており、語気から『すみやかに開戦すべし』と主張している。

全戦局の勝利を期待できるごとき陳述は片言隻語もしておらず、年を経るにしたがってわれに不利だと述べている。

要するに、戦争全局をわれの勝利に終了せしむることの不可能なること、永野自身も心底部に認めていることはまちがいなし。

彼は、

『帝国といたしましては進攻作戦をもって敵を屈してその戦意を放擲《ほうてき》せしむる手段を有しませず』

と明白に勝つための極め手なきことを申しあげていながら、最後に、

『有形無形の各種要素をふくむ国家総力の如何、および世界情勢の如何により決せらるるところ大なり』

と、世界大変動でも起ったらのつもりか、不得要領の結論で逃げている。

国家総力戦〔五字不明〕欧州戦局の如何で、世界大変動でも起って、国力比は日米転倒するとでも夢見てのことなら、また何をかいわん。

一国が犯されざる地位を築きうるは、

国土の広大（米、加、濠《ごう》、ロシア、支那、ブラジル等）

人的資源（国民性、人口、文化）大

物的資源（天然、工業力）大の条件を具備する場合にのみ可能

日本は宿命的に犯されざる態勢を築くことは不可能。上記永野の奏上は嘘《うそ》。判っていての奏上なら不忠、判らないのなら愚」

永野についで、杉山参謀総長、豊田外相、鈴木企画院総裁の説明があり、そのあと、原嘉道《よしみち》枢府議長が、

「今日はどこまでも外交的打開につとめ、それでゆかぬときは戦争をやらなければならぬと思う。戦争が主で外交が従と見えるが、外交に努力をして、万やむをえないときに戦争をするものと解釈する」

と念を押すように質問した。それにたいして及川海相が、

「書いた気持と原議長と（筆者註・この案を書いた気持は、原議長のいうことと）同一であります」

とこたえた。

原はさらに、

「どうか本案が御裁定になったら、首相の訪米使命に適するように（筆者註・原は、まだ近衛・ルーズベルト会談に希望をつないでいた）、かつ日米最悪の事態をまぬがるるよう御協力を願う」

と、もういちど念を押した。

ひととおり質疑応答が終わったあと、天皇が、

「枢府議長のただいまの質問はきわめて重大なことでもっともなる尋《たず》ねである。これにたいし政府の考えは解ったが、統帥部のこたえがないのはなぜであるか。

(ここで紙片を取り出し)

四方の海　皆同胞《はらから》と思ふ世に

など波風の立ちさわぐらむ

(という明治天皇の御製《ぎょせい》を誦《しょう》して)

朕《ちん》はこの御製を日夜服膺《ふくよう》しておる」

と、「戦争回避」の内意をつよく一同に訴えた。

すると永野が立ち上がり、

「ただいま政府より答えましたる(筆者註・海軍大臣は政府側)ところは、政府・統帥部の一致の意見で、統帥部も十分交渉に協力するものであります」

と、神妙に奉答した。

それならば、「戦争回避」の線で政府・統帥部は進むべきであった。ところが、会議に出席した陸軍省軍務局長の武藤章《あきら》少将は、陸軍省へ帰るやいなや、部下をあつめていった。

「おれは情勢を達観しておる。これはけっきょく戦争になるよりほかはない。どうせ戦争だ。だが、大臣や総長が天子様に押しつけて戦争にもっていったのではいけない。天子様がご自分から、お心の底からこれはどうしてもやむをえぬとおあきらめになって戦争のご決心をなさるよう、ご納得のいくまで手を打たねばならぬ。だから外交を一生懸命やって、これでもいけないというところまでもっていかぬといけない。おれは大臣（筆者註・東条陸相）へもこの旨いうとく」（『戦史叢書《そうしょ》　陸軍開戦経緯(4)』朝雲新聞社）

つまり、武藤は、「天皇はわれわれのいうとおりになるべきで、われわれは天皇のいうとおりになる必要はない」という考えだったわけである。

陸相の東条は、このようなハシタないマネはしなかったが、ハラの中は武藤とおなじで、陸軍から譲歩するなどということは、まったく考えなかった。

では、このような陸軍に対抗して、天皇の意中を実現できるのは誰かというと、誰もいなかった。

まず首相の近衛は、独力ではとうてい陸軍を抑えられる人物ではなかった。

近衛は、九月十二日、海軍次官時代に強硬な対米不戦論者であった連合艦隊司令長

官山本五十六大将を官邸によび、海軍の戦争にたいする自信のほどを打診した。ところが山本は、

「ぜひ私にやれといわれれば、一年や一年半は存分に暴れてご覧にいれます。しかし、その先のことは、まったく保証できません。

もし戦争になったら、私は飛行機にも乗ります、潜水艦にも乗ります、太平洋を縦横に飛びまわって決死の戦《いくさ》をするつもりです。

総理もどうか、生やさしく考えられず、死ぬ覚悟で一つ、交渉にあたっていただきたい。そして、たとえ会談が決裂することになっても、尻をまくったりせず、一抹《いちまつ》の余韻を残しておいてください。外交にラスト・ウォードはないといいますから」

と、いかにもカッコいいことをいいたてて、「最後にはかならず負けます。対米戦はやるべきではありません」とはいわなかった。山本は自分のメンツのためにそういわなかったのであろうが、近衛にすれば、これでは永野とおなじで、陸軍にたいする歯止めにはならないと、頼みの綱が切れる思いがしたのではなかろうか。

井上は戦後になって、

「山本さんは、海軍は対米戦争はやれません、やればかならず負けます。それで連合艦隊司令長官の資格がないといわれるなら、私は辞めますと、なぜいいきらなかっ

たか。

軍事に素人で優柔不断の近衛さんがあれを聞けば、とにかく一年半ぐらいは持つらしいとアイマイな気持になるのはきまりきっていた」

と批判している。

では、及川海相はどうであろうか。

十月六日の海軍首脳会談のもようを、『元海軍大将沢本頼雄氏手記』は、こう書いている。当時、沢本は海軍次官であった（手記の文章は分かりやすく書きなおした）。

――十月六日海軍首脳部が鳩首《きゅうしゅ》研究の結果、

「撤兵問題（筆者註・日本軍の中国・仏印からの撤兵）のため日米戦うは愚の骨頂なり。外交により事態を解決すべし」

と結論に達し、海軍大臣は、

「それでは陸軍とケンカする気で争ってもようございますか」

と半分は自分の所信を示し、半分は会議の主として、総長（筆者註・永野軍令部の了解を求められしにたいし、総長は、

「それはどうかネ」

と述べられ、大臣のせっかくの決心にbrakeをかけられ、意気昂揚《こうよう》せる場面はた

ちまちしらけわたる。このさい総長の阻止なかりせば、結果は如何なりしか。海軍大臣辞職、内閣崩壊、陸海対立激化、戦争中止等々の事態起こりしやもしれず。しかるに次官も次長（筆者註・伊藤整一軍令部次長）も軍務局長（筆者註・岡敬《おかたか》）も発言せず、暫時の沈黙のあと解散す――

及川は職を賭して対米戦を阻止しようとした。ところが、永野に冷水をかけられてシュンとなり、まわりの者もシュンとなってしまった、というのである。

これではまるで、ネズミがあつまってネコの首に鈴をつけようと決めたが、いざとなると誰もシリごみして、やる者がいなかったという話とおなじであろう。海軍はネズミになったようである。

永野は兵学校第二十八期の二番、及川は三十一期の七十六番だが、そんなことで及川は永野にアタマが上がらず、身うごきができなかったのであろうか。海軍大臣は軍令部総長のクビを切る権限も持っている。このようなとき、明治の山本権兵衛だったならば、永野のクビは飛んだにちがいない。

十月十一日夜、富田書記官長と岡軍務局長は、海軍大臣官邸に及川海相を訪ねて会談した。富田がいった。

「明日の五相会議（筆者註・首相・外相・陸相・海相・企画院総裁）において、海軍として総理大臣を助けて、戦争回避、交渉継続の意志をはっきり証明してもらえないでしょうか。もし海軍の意思表示がなければ、近衛公は辞職するかもしれません」

「あなたのいわれるところはよくわかります。しかし、軍として戦争ができる、できぬなどということはできない。戦争をする、せぬは政治家政府の決定することです。戦争をすると決定されたなら、いかに不利でも戦うというのが軍の立て前だと思います。

そこで明日の会談では海軍大臣としては、外交交渉を継続するかどうかを総理大臣の決定に委《まか》すということを表明しますから、それで近衛公は交渉継続ということに裁断してもらいたいと思います」（『陸軍開戦経緯(5)』）

と、及川はこたえた。

翌十月十二日、近衛の荻外荘《てきがい》で、近衛首相、豊田外相、東条陸相、及川海相、鈴木企画院総裁の五相会議がひらかれた。席上及川の発言はこうである。

「外交で進むか戦争の手段によるかの岐路に立つ。期日は切迫している。その決は総理が判断してなすべきものなり。もし外交でやり戦争はやめるならば、それでもよろしい」

近衛は、つぎのようにいった。

「今どちらかでやれといわれれば外交でやるといわざるをえず。戦争は私は自信ない。自信ある人にやってもらわねばならぬ」

これにたいして東条は、

「(前略)駐兵(筆者註・中国の)問題は陸軍としては一歩も譲れない。所要期間は二年三年では問題にならぬ。第一撤兵を主体とすることがまちがいである。退却を基礎とすることはできぬ。陸軍はガタガタになる。支那事変の終末を駐兵に求める必要があるのだ。日支条約のとおやる必要があるのだ。所望期間とは永久の考えなり。(後略)」

と、中国からの撤兵絶対反対を表明した。これは、外交交渉は成功しなくていいということであった。

この三人のうち、戦争と外交とどちらを望むのか、はっきりしないのが及川である。及川の、「戦争をする、せぬは政治家政府の決定することです。戦争をすると決定されたなら、いかに不利でも戦うというのが軍の建て前だと思います」という富田書記官長への話は、リクツからいえばそのとおりである。しかし、海軍大臣ならば、戦争をやるのがいいか、やらないのがいいか、どちらが国を救うかという所信を、はっきり示すべきであろう。

ましてや十月六日の海軍首脳会議では、「撤兵問題のため日米戦うは愚の骨頂なり。外交により事態を解決すべし」と、いったんは意見の一致をみているのである。

堂々と、そのとおりをドカーンと一発、東条に向けてぶちかますべきであった。

以上のように、首相の近衛も、連合艦隊司令長官の山本五十六も、軍令部総長の永野も、海相の及川も、すべて、陸軍に対抗して天皇の意中の「戦争回避」を実現することができなかった。

なぜできなかったかといえば、天皇よりもアメリカよりも、陸軍がおそろしく、自分がかわいかったからだということしか思い当たらない。

近衛内閣は、陸軍の中国からの撤兵絶対反対によって、日米交渉がゆきづまり、十月十六日に総辞職した。

東条はアメリカを恐れていなかった。十月十四日の閣議で、彼はこういっている。

「(前略)駐兵は心臓である。主張すべきは主張すべきで、譲歩に譲歩々々々々をくわえ、そのうえに、この基本をなす心臓まで譲る必要がありますか。これまで譲り、それが外交とは何か、降伏です。ますます彼をしてズにのらせるので、どこまでいくかわからぬ。」

青史の上に汚点をのこす（筆者註・他国を侵略したり、戦争に惨敗するのは汚点でないと考えているらしい）こととなる。国策の大切なところは譲らず。たとえ他は譲っても、これは譲れぬ。

このようなやり方でなく、三国同盟を堅めて彼を衝《つ》くもよろし、作戦準備で脅威するならこれもよし、独ソの和平を米は気にしているから、この弱点をつき、これを成功せしめて、米の軍備拡張を脅威して、わが主張を通すもよろしい。

彼の弱点をつき、これをもって外交上自信ありといわれるのなればわかるが、譲ることのみをもって自信ありといわれても、私はこれを承け容ることはできぬ」

ただしこれは東条個人のものではなく、陸軍の総意であった。それをおさえる方法といえば、一つしかなかった。

それは、

「海軍は対米英戦は絶対にやらない」

ということだけであった。海軍が戦わなければ、いくら陸軍がいきまいても、アメリカ、イギリスと戦争することはできないからである。

『元海軍大将井上成美談話収録』というのがある。昭和三十四年十一月、財団法人水交会から依頼された元海軍中将・兵学校第四十二期の小柳富次が、井上から回想を聞いて、まとめた資料である。そのなかで井上は、「日本海軍の欠点短所」として、つぎのように語っている。

「日本の海軍には、イギリス海軍のネルソン精神のように、これで行くんだというドクトリンがなかったようだ。その反面よろめきがちのところがある。陸軍に押される。陸軍には、明治の山県・桂《かつら》時代から、なにか一貫したものがあった。陸軍にしかないという強い精神があった。極言すれば陸軍第一、国家第二主義ともいうべきもので、こんな精神はない方がよかったが、とにかくあった。

海軍はただ国家のためという漠然たるもので、何によるべきかというハッキリした海軍精神がなかった。それがためによろめいた。

海軍にはハッキリした海軍政策がなかった。私が軍務局員のときこれに関して何か書こうかと思ったが、ついに書けなかった（自案は持っていたが）。原五郎中将（筆者註・兵学校第三十五期）も局員時代にそうだったと述懐している。

対米戦備のごときも、これは戦争せんがための準備にあらずして、戦争があったときに準備がなくてはいけない。そのための戦備だという観念から出発しなければならない。

古賀元帥（筆者註・峯一《みねいち》）は、われわれが候補生で遠洋航海のときの宗谷《そうや》の指導官であり、大学校の軍政の教官であったが、軍令部次長のとき（筆者註・昭和十二年十二月から十四年十月）日米の国力からみて、『アメリカの六割でもよすぎる』といっておられた。

戦備に関する予算でもその頭で立案し、それ以上のことは望んではいけない。戦争にひきずられるような危い火遊びはせぬことだ。それが、欧州戦争が始まってドイツの旗色がよくなると、今ならなんでもできる、今のうちだという色気を出して根本を誤った。

英米などとは戦《いくさ》はしないのだという鉄則を堅持すべきであった」

十月十七日、近衛にかわり、東条に組閣の大命が降下した。木戸日記には、つぎのようなことが書いてある。

——東条陸相を御召あり、大命降下す

続いて及川海相を御召あり、陸海軍の協力につき御言葉ありたり

控室に於《おい》て両相に対し、命を奉じて左の通り伝達す。

只今《ただいま》陛下より陸海軍協力云々《うんぬん》の御言葉がありましたことと拝察致しますが、尚、国策の大本を決定せられますに就《つい》ては、九月六日の御前会議の決定にとらわるる処《ところ》なく、内外の情勢を更に広く深く検討し、慎重なる考究を加うることを要すとの思召《おぼしめし》であり

ます。命に依《よ》り其旨《そのむね》申上置きます――

東条を首相に推薦したのは木戸内大臣で、陸軍を押さえられるのは東条しかいないし、海軍が対米戦を真に決意しなければ、戦争は回避されると考えたようである。

ただし、昭和二十年十一月二十三日、元内閣書記官長の富田健治は、元海軍少将の高木惣吉に、

「東条は、木戸内府には、陸軍を押さえ得るものはかならずしも東久邇宮《ひがしくにのみや》殿下にかぎらぬこと、対米戦争に突入する前提にて考えおらぬ〔筆者註・東条が〕こと（白紙より検討する可能性あること）をほのめかしいたるため、内府は東条を非常に『アマク』観測しおりたり」

と語っている（高木惣吉少将資料「政界諸情報」）。

新内閣の陸相は東条が兼務することになり、海相には、伏見宮のお気に入りで横須賀鎮守府司令長官の嶋田繁太郎大将が及川前海相によって推薦され、外相には東郷茂徳《とうごうしげのり》が起用された。

嶋田が陸軍によろめいて、対米英戦を決意するようになったのは、十月三十一日の夜であった。昭和三十二年二月につくられた財団法人水交会の『元海軍大将嶋田繁太郎談話収録』には、こう書いてある。

「十一月一日の連絡会議（筆者註・大本営・政府連絡会議）はいよいよ和戦を決する重大会議である。さすがに前夜は責任の重大を痛感しておちおち眠れない。自分は海軍大臣に就任してまだ十日ばかりしかたたない。自分としてはまだ研究十分だとはいわれないが、しかしこれまで案ができるまでには下の方からだんだん上に十分検討しつくされたものに相違ない。それに累次の連絡会議に臨んでだんだん軍令部総長（筆者註・永野）や陸軍側の説明を聞いてみると情況まことに止《や》むをえざるようだ。あのご聡明《そうめい》な伏見宮殿下でさえすでに諦《あきら》めておられるように拝する。ここに私が反対して海軍大臣を辞めれば内閣はつぶれるであろう。そして適当な後任者をうることがきわめて困難で、この逼迫《ひっぱく》した時機に国家としてまことに大きな損失だ。また大臣就任のさいの伏見宮殿下の思召しにも反することになり、恐懼《きょうく》に堪えない。いろいろ考えてようやく決心がつき、会議に臨んだ次第だ」

嶋田は、ドイツが英ソに勝ち、日本が対米英戦に勝つと確信したわけではなかった。「情況まことに止むをえざるようだ」、「ご聡明な伏見宮殿下でさえすでに諦めておられる」、「私が辞めて内閣がつぶれ、後任者がえられなければ国家としてまことに大きな損失だ。また伏見宮殿下の思召しにも反することになり、恐懼に堪えない」ということで、事大主義があるだけである。

十一月三日、東郷外相は、野村大使を援助するため、特命全権大使来栖《くるす》三郎をアメリカに派遣することを決定し、同大使は同月十五日にワシントンに到着した。

しかし、日米間は、日本が根本的に折れないかぎり、もはや戦争は避けられなくなっていた。

連合艦隊司令長官の山本五十六は、十一月十三日、各艦隊の長官を岩国海軍航空隊に集め、「連合艦隊命令作戦第一号」の説明を行なった。

第四艦隊司令長官の井上も、この会合に出席していた。説明会のあと、岩国航空隊司令の部屋へ行くと、山本が一人で座っていた。井上は、

「山本さん、とんでもないことになりましたね。長谷川さん（筆者註・清、大将、兵学校第三十一期）は、大変なことになるぞ、工業力は十倍だぞといっておられましたよ。

しかし大臣はどうなんでしょうかね。ここに来るまえに、挨拶《あいさつ》に行ったら、嶋田さんはニコニコして、ちっとも困った様子じゃありませんでしたよ」

と話しかけた。すると山本は、

「嶋ハンはオメデタイんだ」

と、憂鬱《ゆううつ》そうにいったという。

十一月二十六日の朝、赤城・加賀・蒼龍・飛龍の四空母を基幹とする南雲《なぐも》機動部隊は、ハワイ真珠湾の米艦隊を奇襲攻撃すべく、択捉島《エトロフ》の単冠湾《ヒトカップ》を出撃した。

この日、ワシントンでは、ハル国務長官が、野村・来栖両大使を招き、いわゆる「ハルノート」を提示した。それを分かりやすく書きなおすと、

一　いわゆる四原則の承認を求め、

二　㈠日英米ソ蘭支泰国間の相互不可侵条約締結

㈡日米英蘭支泰国間の仏印不可侵ならびに仏印における経済上の均等待遇にたいする協定取り決め

㈢支那および全仏印よりの日本軍の全面撤兵

㈣日米両国において支那における蔣《しょう》政権以外の政権を支持しない確約

㈤支那における治外法権および租界の撤廃

㈥最恵国待遇を基礎とする日米間互恵通商条約締結

㈦日米相互凍結令解除

㈧円ドル為替安定

㈨日米両国が第三国との間に締結したいかなる協定も、本件協定および太平洋

平和維持の目的に反するものと解釈されてはならないことを約すという現代ならまったく当たりまえのようなことだが、当時とすると、高飛車で日本の要求を一切無視するようなものであった。アメリカは日本に、

「抜け」

と、迫ったのである。

十一月二十九日、ハルはハリファックス英大使に、

「日本との関係については、外交分野はすでに終わった。事態はいまや陸海軍の手に移ろうとしている」

といった。

十二月一日、御前会議において、「対米英蘭開戦に関する件」が決定された。

十二月八日、南雲機動部隊は真珠湾の米艦隊を奇襲攻撃した。ただし米国政府への最後通告手交の一時間まえだったために、米国民は「騙《だま》し討ち」として憤激し、挙国一致して復讐《ふくしゅう》に立ち上がった。

開戦三、四日まえの夜のことであった。井上は参謀たちを連れて、トラック島にある沖縄のカツオ船の漁師たちがよく行く飲み屋に出かけた。部屋が四つぐらいあって、

十数人の沖縄の酌婦たちが客の相手をしているところである。

料理といえるほどのものはなかったが、サカナはふんだんにあった。飲みものは焼《しよう》酎《ちゆう》である。

酒盛りがはじまるまえに井上は、

「もうこれからは、のんびり遊べなくなるだろう。今夜は思いきりやってくれ。泊りたければ泊ってもいいから」

といった。のんべえの土肥は、

（長官、なかなか話せるじゃないか）

と思った。

井上は、いちばん若い二十歳まえの女の子を膝《ひざ》の上にのせて、他愛もない笑いばなしをして喜んでいた。酒はあまり飲まないせいもあったが、シラフのときとほとんど変わらなかった。

一同がかなりでき上がったころ、井上は一人で帰って行った。

のちに、ある参謀は、長官ボーイ（軍属）の新宮一司から、

「何人かの長官のお世話をしましたが、衣服をかたづけるとき、井上長官だけは、サックが出てきませんでした」

という話を聞いて、

（どうなってんだ？）

と、いぶかしく思ったという。

サックをボーイの目にも触れさせないほど用心ぶかかったのか、と疑いたくもなるが、そうではなくて、ノーセックスだったらしい。

十二月八日朝、鹿島の通信室は、真珠湾奇襲成功という「トラトラトラ」の電報を傍受した。作戦室の参謀たちは「万歳」をさけんだ。通信参謀の飯田秀雄中佐は、急いで電報を長官室の井上にとどけに行った。

ところが、まもなく作戦室に帰ってきた飯田は、ヘンな顔をして土肥に声をかけた。

「おい、長官に電報を見せて、『おめでとうございます』といったら、『バカヤローッ』っていわれたんだ。どういう意味なんだろうな」

「えーっ、『バカヤローッ』？　どういう意味なんでしょうねえ」

土肥にも分からなかった。

日本の敗戦がはっきりするようになったころ、

（井上さんははじめから、この戦《いくさ》はいけないと思っていたんだ）

と、土肥は思い当たったような気がした。

理にかなっていた珊瑚海海戦

昭和四十二年十月二十九日に私がはじめて井上家を訪ねたときは、私ひとりだけが約束の時刻よりも一時間ほど遅れて、正午ごろ着いた。前夜飲みすぎて朝寝坊したのである。

気が咎《とが》めながら玄関に立って、「ごめんください」と声をかけると、着物に羽織りの富士子が出てきた。来意を告げると、

「ようこそいらっしゃいました。みなさん来てらっしゃいますよ。さあお上がりください」

と、なにごともなさそうにいってくれた。

暖炉《だんろ》のある客間の長方形のテーブルには、海と反対側の側席に井上がおだやかな顔をして座り、その前の両側に、七十三期の深田秀明、岩田友男、七十四期の大里英明、七十五期の篠田英之介、小屋公夫の五人が、笑いながら座っていた。

白ワイシャツに黒セーターの井上にあいさつと遅刻の詫《わ》びをいうと、

「さあどうぞ」

と、空けてあったらしいすぐ右前の席に座るように指示してくれた。みんなが定刻に来ていたためと思われるが、井上はイヤな顔をしなかった。また私は、「昨夜飲みすぎて、今朝寝坊しまして、申しわけありません」とはいわなくて、「遅くなりまして申し訳ありません」とだけいったのだが、何もいわなかった。

この日の訪問は深田がアレンジして、井上の教え子である七十三、七十四、七十五各期の有志二人ずつが来たものであった。

私が井上に直接接して話し合えたのも、これがはじめてであった。朝起きたときは宿酔《しゅくすい》で、今日は行くのをやめようかどうしようかと迷ったのだが、来てみると、やはり来た方がよかったという思いがした。

いまから思えば、あのとき井上家に行くのをやめていたら、その後も井上といちども会うことなく終わったような気がする。

それまでの私は、井上にたいしては、近よりがたい鋭さをかなりつよく感じていた。

昭和十八年夏のことである。私は兵学校の三号生徒（第一学年）で十七歳であった。ある日の午後、海岸松並木の横を白事業服で走っていると、右前方百数十メートル先の赤煉瓦《あかれんが》第二生徒館前を、白の第二種軍装の井上校長がすたすたと歩いているのが目に入った。姿かたちも歩き方も端正でスマートだった。私はハッとしてその場に立ち止まり、遠くの井上に、畏敬《いけい》の念を覚えながら挙手の敬礼をした。校長は気づかずに行くだろうと思っていた。ところが気づいた井上は、歩きながら顔だけをこちらに向け、白手袋をはめた右手をゆっくり挙げて帽子の庇《ひさし》にあて、かなり長いあいだ答礼をしつづけた。それまで、どの教官やどの先輩からも、こんな丁寧な答礼をうけたことがなかった私は、息がつまるようであった。

当時井上は五十三歳の海軍中将で、少佐・大尉ぐらいの教官からしても雲の上の存在で、どちらかというと、敬遠する方が多かったらしい。だから、三号のわれわれなどからすれば、とうてい足下にも寄りつけない相手であった。

私は、井上校長はオレみたいな小僧でも、バカにしないで応答してくれたのかなと、狐《きつね》につままれたような気がした。しかし、その姿が絵に描いたように端正だったので、校長はりっぱな人だとは思ったが、近よりがたいという感じもしたのである。

戦後、昭和四十年代に入ってからだが、井上が、かぞえきれない生徒の一人一人について、できるだけ気をくばっていたということを、何人かに聞かされた。

私の同期の近厚《こんあつし》は、ある土曜日の大掃除のあと、やっと担げるような大きく重い塵箱（ごみばこ）を肩に担いで、遠いゴミ捨て場に行く途中、ばったり井上に出会った。昭和十七年十二月、入校後まもないころで、近は、その塵箱を下におろして、また担ぎ上げるだけの自信がなかった。右手を塵箱からはなすこともできなかった。近は泣きたい思いで、塵箱を担いだまま「注目」の敬礼をした。すると井上は、いつものように丁寧に答礼をして去って行った。

「校長の目は鋭いが慈愛があって、『三号生徒か、はやく生徒館生活に慣れてりっぱな兵学校生徒になれよ』といっているようだった。オレは感激のあまり、熱い血が全身を駆けめぐる思いがした」

と、近はいった。

やはり同期の岩崎文美《ぶんみ》は、入校後二、三ヵ月たったころ、赤煉瓦の第二生徒館前で、近づいてくる井上に敬礼をした。井上は挙手の答礼をしながら、岩崎の左胸の「岩崎」と書いたネームプレート（名札）を見て、

「岩崎文美か」

とたずねた。

栃木県の片田舎の真岡町（現在は市）出身の岩崎は、びっくりして、思わず大声で、

「そうであります」

とこたえた。すると井上は、

「よし」

と、励ますように力づよくいったという。

七十四期入校時の生徒数は千二十八名である。そのときにワケが分からずに感動していた岩崎は、戦後私にいった。

「校長が成美《しげよし》で、おれが文美で似ているから、気にとめていたとしか思い当たんねぇけどな、しかしあのときは感電したみたいだったよ」

七十五期の佐藤公明は、昭和十八年十二月、入校後まもないころ、教育参考館前で井上に敬礼をしたところ、井上がつかつかとそばに寄って来た。カチカチになっているると、陸軍式に真横につっぱった佐藤の右腕の肘《ひじ》を両手でかかえ、それを四十五度内側にまわし、

「海軍の敬礼はこうだよ」

といったという。

昭和十八年八月十日、私の同期の滝沢和夫が水泳訓練中に溺死《できし》した。滝沢はカナヅチで、赤帽組の一人であった。生徒らは、前日に約二週間の夏季休暇から帰校して、三号はシゴキなおしをされていた。滝沢の赤帽組の指導官はM大尉で、もうれつな特訓をやったらしい。滝沢はそれに堪《た》えきれず、力つきて溺死したという。

当時、滝沢の第十二分隊が所属していた第四部の部監事福地周夫中佐は、滝沢の通夜で見た井上をつぎのように述べている（東郷会機関紙『東郷』昭和五十二年七月号）。

――病室の中の通夜室で、私は校長が来られるというので、どんな焼香をされるかと思いながら静かに待っていた。

校長は副官を従えて室内に入り、遺体の前に直進され、焼香も何もせられず、生ける者に対する如《ごと》く、「許せー」と叫ばれた。

そして悲痛な顔をして、すいと室を出て行かれた。校長は日頃《ひごろ》謹厳な顔をしておられたが、このときほど恐ろしい、悲痛な顔を見たことがなかった。校長は翌日から、水泳訓練のときは必ず陣頭に立たれるようになった――

井上は、午後の炎天の直射日光にさらされながら、白の第二種軍装をきちんと着て、海岸の表桟橋に立ちつくし、訓練を終えて全生徒が陸に上がるまで約二時間、じっと見とどけるようになった。それは毎日だったので、教官にも生徒にも誰の目にも印象深くのこっている。

しかし、そのような井上の心を知る者は、ごくすこししかいなかった。

七十二期の白根行男は、

「第二種軍装で表桟橋に立った井上さんは、双眼鏡でなく、片目で見る望遠鏡（筆者註・明治四十四年、遣英艦隊でイギリスに行ったときロンドンで買った筒型の）であちこち見ていたが、なんかイヤな気がしたな」

といっている。

井上は、敬礼については、戦後、

「私は、一人一人の生徒にたいし、校長はお前たちを一人もないがしろにせず、大事にしているんだぞ、いや、私が大事にしているのではない、国家が大事にしているんだぞ、と、そんなつもりでいちいち生徒たちの目をじっと見ていました。一人も見のがすことのないように努めました。ほんとうに精神をこめて答礼したのです」

と語っている。

しかし、端正な容姿・動作にしても、水も洩《も》らさぬ気くばりにしても、きわだって目立つ行為にしても、デキすぎで、ひけらかされているようで、感心できないという意見も、的はずれとはいえないかもしれない。

まえに、井上がキリスト教的な考えをつよく持っている人物だということを述べた。しかし、東洋でいえば、釈迦《しやか》タイプでも老子タイプでもなく、孔子タイプのようである。成美という名は、前述したように、孔子の『論語』のなかからとってつけたものであった。井上は、「成美」という名に誇りを持って、生涯を生きたようである。

井上の右前の席に座って、ビールか何か一杯飲むと、井上から聞かれた。

「生出さんはいま何をやっているんですか」

「はい、飲み屋のおやじをやっております」

「飲み屋のおやじ？」

「はい、新橋の樽小屋という大衆酒蔵で、海軍出身の人もたくさん来てくれます」

そのとき、私の斜向かい側の篠田が声をかけた。

「校長、生出さんはですね、とっても面白い雑誌もやっているんですよ」

「ほう、どんな雑誌ですか？」

「アサヒ芸能っていうんです」

「アサヒ芸能？」

私は、背筋が涼しくなった。篠田やほかの連中はニヤニヤしている。しかし、井上は、幸か不幸か、『アサヒ芸能』を知らなかった。

「そうですか、なんでもいいですが、男はやはり、世の中の役に立つようなことをしなければね」

「はいっ」

井上の兵学校同期生では、前述した「任《じん》ちゃん」こと草鹿《くさか》任一と小沢治三郎がとくに有名である。小沢は最後の連合艦隊司令長官だが、フィリピン沖海戦でハルゼーの機動部隊をおびき出す捨身の囮《おとり》作戦を指揮して、世界の海軍を驚嘆させている。その小沢にもアダ名がある。いわく、「鬼瓦《おにがわら》」、「達磨《だるま》」、「三大BUの一人」。BUというのは海軍用語で「ブスケ」のことで、三大のあとの二人は、永野修身《おさみ》と南雲《なぐも》忠一（大将、兵学校第三十六期）である。また、「三面」というアダ名もある。「ムッツリ・カミナリ・ニッコリ」だという。

草鹿と小沢は、スタイルを重んずる君子のような井上とは対照的で、なりふりはあまりかまわない洒脱《しゃだつ》人のようである。草鹿は石川県立第一中学校二年のときに坐禅《ざぜん》をはじめ、死ぬ九日まえまで坐禅をしていた。小沢は若いころドストエフスキーを読み、また草鹿とおなじように坐禅をした。とくに良寛を愛し、戦後も『無門関独語』をよく読み、実践していたという。

井上の生き方が「美を成す」ということであれば、草鹿のは「正直」、小沢のは「無欲」というものかもしれない。

ただ草鹿と小沢は、井上がキリスト教か儒家的な考え方をしていたのにたいして、仏教的あるいは道家的な考え方だったともいえそうである。

といっても、草鹿と小沢は坊主でも仙人でもなかった。酒も女もドンとこいであった。

ここでちょっと、儒家と道家についての説明を紹介させていただきたい。

奥平卓・大村益夫訳の『老子・列子』（徳間書店）には、こう書いてある。

――戦国時代の初期、世を風靡《ふうび》していた思想は、儒・墨両家のそれであった。儒・墨両家は、方法の差こそあれ、いずれも人間の理性と能力とを信じ、社会正義を真っ向からふりかざし、天下を正そうとする正統思想の立場であった。

これにたいして懐疑的・批判的な意見を抱き、一見反社会的な姿勢を示す反正統思想の立場に属する人々を、後世において「道家」と呼ぶようになった。したがって、今日われわれが道家に分類する思想家たちが、当時、共通の学派意識を持っていたかどうかは疑問である――

草鹿と小沢は反社会的ということはないが、井上のように「人間の理性と能力とを信じ、社会正義を真っ向からふりかざし、天下を正そうとする」人間とは、ちょっとちがっていたようである。

しかし、井上のすぐそばにいて話をしてみると、威圧的で気づまりがするとか、堅苦しくて肩が凝るということはなかった。東北訛《なま》りの話し方も気を楽にさせてくれ、意外に親しみ深いオヤジのような気がした。

東郷元帥の話になったとき、井上は、われわれの考えをはかりかねたせいか、すこしためらいがちになった。

「君たちはどう思うか知らないが、私は、いくら偉功があった人でも、神様に祀《まつ》るというのは感心しないんだがね……」

一同が、

「それは私らも校長とおなじですよ」

というと、ひどく安心したように、

「それならよかった」

と、肩の力を抜いた。

井上は、東郷神社に祀られている東郷元帥が、現代でも神聖にして侵すべからずの絶対的存在とされていると思っていたらしい。じっさいには、現代では、日本を救った偉人の一人で、また稀《まれ》に見る強運の人として敬愛されているというのが実情だと思われる。

話の合い間を見て、私は、ぜひ聞いてみたいと思っていたことを質問した。

「私の店には、海軍の先輩も多数来てくれます。ところが、校長について、何人かの人から、

『井上さんは頭がよすぎて戦が下手だった』

と聞かされたのですが、どうなんでしょうか」

すると井上は、

「珊瑚《さんご》海のことですか」

と、やや語気を鋭くして聞き返した。

「そうです」

とこたえると、やおら背を伸ばして姿勢を正し、まっすぐ前を見ること約二十秒ののち、

「たしかに私は戦が下手でした」

といい、なおまっすぐ前を見ること約二十秒ののち、

「ということになっております」

と、断定的な口調でこたえた。

いささか禅問答みたいであったが、井上の考えはわかったような気がした。

「珊瑚海」とは、昭和十七年五月七日、八日に、日米機動部隊が互角の兵力で戦った「珊瑚海海戦」のことで、第四艦隊司令長官の井上は、日本側の総指揮官であった。

日本海軍の戦果は、米空母レキシントン大破（のちに艦内爆発で沈没）、同ヨークタウン小破、駆逐艦とオイルタンカー各一隻撃沈。

損害は、空母翔鶴《しょうかく》中破、小型空母祥鳳《しょうほう》と駆逐艦一隻沈没。

ただし、ニューギニアの米濠《ごう》基地ポートモレスビーを攻略しようとしていた輸送船団の日本軍は、作戦を中止して引き揚げた。

この結果、戦術では日本が勝ったが、戦略では日本軍のポートモレスビー攻略を阻止した米軍の勝ちという一般評になった。

井上が、連合艦隊司令部や軍令部に、もっとも非難されたのは、第一回攻撃だけで止《や》め、第二回攻撃をしなかったという点である。そのために、「腰抜け」「またも負け

たか四艦隊」「頭がよすぎて戦《いくさ》が下手だ」などとやられたのである。

だが、なぜ第一回攻撃だけで止めたかといえば、現場指揮官である第五航空戦隊司令官原忠一少将の判断を尊重したからであった。攻撃隊の飛行機の損害が甚大《じんだい》で、駆逐艦の燃料も不足しており、第二回攻撃は無理というのが原の判断だった。

もっとも、無理でもやれといえば、残存の艦爆・艦攻十数機で、第二回攻撃をやれないことはなかった。ただし、当時の状況では、やっても戦果はすくなく損害が大きい結果に終わったろうとは思われる。戦闘可能のヨークタウンには戦闘機十二機が残っていたし、護衛の重巡五隻と駆逐艦六隻が健在だったからである。

この海戦での井上の指揮ぶりは、連合艦隊司令部や軍令部がいうように拙劣《せつれつ》なものではなかった。米軍と同等ないしはそれよりも上といってもいいようである。

前記の『元海軍大将井上成美談話収録』で、井上はこういっている。

「私の執った攻撃中止の処置は、当時軍令部および連合艦隊司令部においてたいへん不評判であった、とあとで聞いたが、機動戦というものはサッと行ってサッと引き返すべきものである。後方には何がいるか解らない。ぐずぐずしてはいけない。当時の連合艦隊命令は無茶（筆者註・五月八日午後八時、連合艦隊司令部は、井上あてに「此《こ》ノサイ極力残敵ノ殲滅《せんめつ》ニ努ムベシ」の命令を打電した）だと、今日でもはなはだ不満である」

ついで、三川軍一中将指揮の第八艦隊のツラギ泊地なぐりこみ（昭和十七年八月八日、旗艦鳥海以下の巡洋艦・駆逐艦八隻が同泊地の米濠艦隊を夜襲し、敵重巡四隻を撃沈した）の例をあげ、

「あれが機動戦というものだ。あとから欲を出すな（筆者註・山本連合艦隊司令長官は、敵輸送船団を攻撃しなかったことに強い不満を述べた）。おなじことを二度と繰り返すことはぜったいに禁物である」

なお井上は、真珠湾を攻撃した南雲部隊が第二回攻撃をやらずに引き揚げたことについても、南雲の参謀長の草鹿龍之介《りゅうのすけ》少将に、

「真珠湾攻撃の水際だった腕前にはひと言もない。ただ頭をさげる」

といって、ほめている。

しかし、これらのことからすると、井上は理にかなった戦《いくさ》だけをするタイプで、イチかバチかの戦はしないタイプの指揮官のようである。

それでわるいことはないのだが、このタイプの指揮官は、日本では好かれなかったということも事実である。

ひとついっておかねばならない。「トラトラトラ」の電報を見せられたときには

「バカヤロー」といったのに、草鹿には「真珠湾攻撃の水際だった腕前にはひと言もない」といったのはどういうわけかということである。
「バカヤロー」といったのは、やってはならない対米戦をやってしまった、おめでたいなどというものではないということであろう。草鹿をほめたのは、戦術的にうまいということである。

だが、井上の指揮ぶりには、どことなく影がある。

井上は、われわれに話した。

「今日は何百人戦死した、今日は誰々が死んだという報告を連日聞かされました。あんな辛《つら》いことはありませんでした」

瑞鶴《ずいかく》・翔鶴からの第一次攻撃隊が帰投しはじめた五月八日の午後二時ごろ、原司令官から、「ワレ一時攻撃ヲヤメ北上ス」という電報がとどくと、対応に迷う土肥参謀に、井上は即刻「攻撃ヲヤメ北上セヨ」という命令電報を指示した。

これは、原の判断を尊重し、戦術的にもそれがよいと考えた結果にはちがいないが、それに、これ以上無理強いの戦で部下を殺したくないという気持もつよく働いたのではないか。

もともと井上は、対米英戦には日本の独立を守るという大義名分がなく、またやがてはかならず負けるから、やってはならないと思っていた。

「日本が亡びるようなときには戦争もやむをえないし、部下に死地に赴くよう命令もできる。しかし、国策の延長として独伊と結び、戦争に入るのは許せない」（『大本営海軍部　大東亜戦争開戦経緯(1)』）といっているぐらいである。

原の電報にたいして、「攻撃ヲヤメ北上セヨ」と命じた根本的な理由がここにあったように思われる。

昭和二十六年十二月十日の『東京タイムズ』の一面トップに「ギター弾く老提督沈黙を破る　井上元大将訪問記」という記事が載った。そのなかに、「不戦論で追放」という小見出しで、つぎのとおりのことが書かれている。

開戦前のことだが、当時海軍部内では米内光政《よないみつまさ》、山本五十六《いそろく》、古賀峯一《みねいち》さんなどみなが不戦論で、そのことでは東条内閣（筆者註・第二次・第三次近衛《このえ》内閣が正しいと思われる）の各大臣（筆者註・東条陸相、及川海相、松岡外相ら）、次官（筆者註・阿南惟幾《あなみこれちか》・木村兵太郎陸軍次官、豊田貞次郎・沢本頼雄海軍次官）と正面から対立していた。

そのため私は第四艦隊に追放され南方作戦に従事させられた。グワム、ウエーキの作戦から珊瑚海海戦その他に参加したが、私は戦争が下手で幾つかの失敗を経験し、昭和十七年十月海軍兵学校の校長にさせられた時は全くほっとした。やりたくない戦争をさせられた山本五十六、古賀峯一さんなども、それぞれ割り切れないものが残ってジレンマに陥っていたのではないだろうか。

井上氏はここで当時を思い出してか感慨深い面持で瞑想《めいそう》にふけっていた——

このなかでも、「私は戦争が下手で幾つかの失敗を経験し、昭和十七年十月海軍兵学校の校長にさせられた時は全くほっとした」といううくだりには、井上のホンネがするすると出ているようである。もっとも、太平洋戦争中の日本の提督で、マスコミに、「私は戦《いくさ》が下手でした」などという者は、ほかに誰もいなかったようだということも、つけくわえておく必要はあるだろう。

くり返すが、「珊瑚海海戦」は拙劣な負け戦ではなく、太平洋戦争中の数多い海戦のなかで指折りの勝ち戦であった。

前記、私の同期の妹尾作太男《せのおさだお》は、あるとき井上に、

「校長はメカケの連れっ子（筆者註・瑞鶴・翔鶴の第五航空戦隊は、赤城・加賀の第一航空戦隊、飛龍・蒼龍の第二航空戦隊よりも新しく編制された部隊で、一航戦・二航戦からは〝一年生〟といわれ、それがメカケのような存在の第四艦隊に付いたので、一部の海軍軍人たちからメカケの連れっ子とバカにされた）で、あれだけの戦をやっ

たんですからりっぱなもんですよ。

それを〝またも負けたか四艦隊〟とか何とかスカした本妻（筆者註・南雲艦隊）が、自慢の息子ら（筆者註・一航戦・二航戦）を連れてやったミッドウェーは、あれはいったいなんですか。

連合艦隊司令部だって、人のことを文句いえたもんじゃないですよ」

といったところ、井上は、

「妹尾、おまえそう思うか」

といったという。

しかし、それにしても、井上の心中に戦争にたいする屈折した意識があるかぎりは、やはり井上は、太平洋戦争の戦場指揮官としては不適だったであろう。


この日は、午後三時ごろまで、井上からいろいろ話を聞いたあと、みんなで芝生の裏庭に出た。そこからは、灌木《かんぼく》越しに相模湾の広々とした海が見わたせた。私は、井上は毎日この海を見ながら何を考えるのだろうかと思った。海の景色は一見風光明媚《めいび》だが、底知れない厳しさを秘めているように感じられた。

井上校長の教育改革

草鹿《くさか》任一《じんいち》中将が海軍兵学校長からラバウルの第十一航空艦隊司令長官に転補されたあと、第四艦隊司令長官の井上成美中将が、昭和十七年十月二十六日付で、海軍兵学校長に転補された。

井上が第四十代の校長として江田島の同校に着任したのは十一月十日で、そのときは第七十一期から第七十三期まで約二千百名の生徒が在校していた。

だが、すぐ四日後の十一月十四日には、七十一期五百八十一名が約三年間の教育課程を終了して卒業し、江田内(江田島の入江)に入港していた戦艦伊勢《いせ》・日向《ひゅうが》に乗って実施部隊に出て行った。

井上の教育は、第七十二期からあとのクラスにおこなわれることになった。

海軍兵学校の教育方針は、「海軍兵学校教育綱領」に示されている。

第一条　海軍兵学校生徒ノ教育ハ徳性ヲ涵養《かんよう》シ体力ヲ練成シ学術ヲ修得シ以《もっ》テ将来海軍兵科将校トシテ軍務ヲ遂行スルニ必要ナル基礎ヲ確立スルヲ本旨トス

というようなもので、もちろん井上も、これを基本方針とした。しかし、具体的教育面では、もうれつに井上流を発揮した。

手はじめに、七十一期卒業の翌十一月十五日には、軍人勅諭の解説冊子「勅諭衍《えん》義《ぎ》」を武官教官たちに配布した。井上が比叡《ひえい》艦長時代に、若い士官たちが空虚な右翼思想に汚染されないようにと、自ら執筆したものである。

やがて井上は、兵学校生徒が陸軍士官学校生徒と文通することを禁止した。陸軍の思想には、陸軍第一・国家第二の危険な考え方があり、害になるという理由であった。

従来おこなわれていた、国粋主義歴史学者の平泉澄《きよし》東大教授の兵学校生徒にたいする直接講話も禁止した。

国語科教官の井畔武明教授は、井上が着任したころ、宇治山田市の神宮皇学館に国内留学をしていた。留学を終えて帰任し、井上に報告すると、

「古事記、日本書紀を読んで神がかりになっている奴《やつ》がいる。彼らはやたらに信念、信念というが、妄念である場合がある。それを見破る要がある。ご苦労！」

といわれたという。

このような偏向思想にたいする歯止めと並行して、立身出世主義を排すという名目で、教育参考館に飾ってあった歴代大将の額をぜんぶ外してしまった。

教育参考館には、東郷元帥の遺髪が安置され、また兵学校出身戦死者の名牌《めいはい》や、国難に殉じた先輩たちの遺品などが展示され、生徒たちの精神訓育の中心となっていた。

しかし井上の真意は、

「大将といっても、海軍のためにならないことをやった人もいるし、また先が見えなくて日本対米戦争に突入させてしまった、国賊とよびたいような大将もいる。こんな人たちを生徒に尊敬せよ、とは私にはとうていいえない」

と、戦後になってから教え子たちに語ったところにあった。

だが、当時はすでに戦局が下り坂になっていて、兵学校を卒業すればすぐ戦場に出て行って戦死するだろうという時代であったので、大将の額を見て、おれも大将になろうなどと考える生徒は、ほとんどいなかったようである。

ただ、誰も考えつかず、また考えついても、後難を恐れて手をつけないのを断行するのが井上の特色で、それが教官たちに与えた影響は、賛否は別として、そうとうなものがあったであろう。

私たち第七十四期千二十八名は、井上が着任してから二十一日目の十二月一日に入校したが、そのとき、大講堂での井上の校長訓示のなかで、印象にのこっているのは、つぎのことであった。

「本校は名は学校なるも、実は修練道場なり」「教えらるるがゆえに学ぶの態度を捨て、学ばんと欲するがゆえに教えを乞《こ》うの態度をもって励むべし」「およそ活用の実力なくして机上の学識の知得をもって事足れりとなすは、あたかも剣法を心得ずして銘刀を所持するを誇るにひとし」

この日の日付で井上は、支那方面艦隊参謀長田結《たゆい》穣《みのる》中将（第三十九期）あてに手紙を出しているが、そのなかで、こう書いている。

——小生戦地より十一月初帰還、揣《はか》らずも兵学校長の栄職を拝命し、其《そ》の喜悦譬《たと》うるものなく、最後の御奉公と思い、幾年でも居坐《いすわ》り、身命を捧《ささ》げて後進者の育成に努力仕《つかまつ》る決心に有之《これあり》候……——

当時、最上級生徒である一号の七十二期は約六百三十名、二号の七十三期が約九百名であったから、全校生徒は二千五百余名となった。

井上は、戦後の昭和二十七年十月、槇智雄保安大学校長（二十九年に防衛大学校となる）の質問にたいして、生徒教育の根本理念についてつぎのような話をした。

「私は、『ジェントルマンをつくるつもりで教育しました』とお答えしました。つまり、兵隊をつくるんじゃないということです。丁稚《でっち》教育じゃないということです。それではそのジェントルマン教育とは何かということになれば、いろいろ言えるでしょうが、一例を言ってみれば、イギリスのパブリック・スクールや、オックスフォード、ケンブリッジ大学における紳士教育のやり方ですね。

これは、それとは別の話だが、第一次世界大戦の折り、イギリスの上流階級の人たちがほんとうに勇敢に戦いましたね。日ごろ国から、優遇され、特権をうけているのだから、今こそ働かねばというわけで、これは軍人だけじゃないですね。エリート教育を受けた大半の人たちがそうでしたね。私は、一次大戦の後、欧州で数年生活してみて、そのことを実感として感じました。『ジェントルマンなら、戦場に行っても兵隊の上に立って戦える……』ということです。ジェントルマンが持っているデューティとかレスポンシィビィリティ、つまり義務感や責任感……戦いにおいて大切なのはこれですね。

その上、士官としてもう一つ大切なものは教養です。艦の操縦や大砲の射撃が上手だということも大切ですが、せんじつめれば、そういう仕事は下士官のする役割です。

そういう下士官を指導するためには、教養が大切で、広い教養があるかないか、それが専門的な技術を持つ下士官とちがったところだと私は思っておりました。ですから、海軍兵学校は軍人の学校ではありますが、私は高等普通学を重視しました。そして、文官の先生を努めて優遇し、大事にしたつもりです」

海軍兵学校は、明治六年（一八七三）七月にイギリス海軍少佐アーチボールド・ルシアス・ダグラスら士官五人が教官として来校以来、「士官である前にまず紳士であれ」という教育をやってきた。だから井上が「ジェントルマンをつくるつもりで教育しました」といっても、べつにめずらしくはないのだが、じつはこれが天動説にたいする地動説といえるぐらいにめずらしいものであった。

ダグラスからいわれて兵学校で実践してきた「士官である前にまず紳士であれ」の紳士は、常識のある躾《しつけ》のいい人間というていどであったと思われる。

だが井上の「ジェントルマン」は、国家への義務感と責任感を持ったレベルの高い教養人のようである。

それからすると井上は、「軍人である前に教養の広い日本人であれ」といっているようである。

当時、陸軍でも海軍でも、多くの士官は軍人の立場から国家・社会を考えていた。

とくに陸軍の参謀本部と海軍の軍令部は、軍人主導の国家・社会という意識がつよかった。

それにたいして井上ば、軍政家だから当たりまえといえば当たりまえだが、教養の広い日本人の立場から国家・社会および軍隊を考えていて、軍人の立場から考えるのは、国を誤るとしていた。

それはまた、武が文を制すべきではなく、文が武を制すべきであるという考え方でもあった。

井上のこの理念は、現代にも、また世界にも通じるものであろう。ただ、当時の兵学校においては理想が高すぎて、現実ばなれがしていたようである。

そういうことでは、昭和十八年一月九日に「教育漫語（其の二）」と題して教官たちに講述したものは、かなり現実的であった。そのなかから、要点を紹介したい。

一、如何《いか》なる将校を養成したきか

……本職今次の戦争において特に強調するの必要を感じたるもの二あり。勇敢なる将校を養成したきことと原始的かつ素朴なる生活に耐うる気力と体力を有する将校を養成したきことこれなり。本校の生徒教育は一方海軍士官として一般社会の儀表となるべき気品ある高き人格を望み、また学術においては現代文化の最尖《さいせん》端《たん》に立ちてこれを理解活用し得る高度の学識技術あるを求め、他方戦争其の他の実務に当たりて困苦に耐うる気力と体力とを具《そな》うるを要す。

二、精神教育について

これが根本は、御勅諭（筆者註・軍人勅諭）の御精神に明かなり。

三、躾《しつけ》教育について

……躾は良習慣を付与するが本旨なり。（中略）日常の軽易なる言動において微細の点につき、本人の気づかざる点を教示してこれを実行反復せしめ、ついに習性たらしむるを本旨とす。（中略）躾には時には軽度の体罰を必要とすることあり（筆者註・殴ってもよろしい）。これが実施はぜひとも簡明直截、男性的にして後口《あとくち》の悪からざるよう注意を要す。

四、数学について

……生徒に数学の「切レ味」を味わしめ、数学の快刀乱麻を断つがごとき怪力を知覚せしむること。

五、理化学教育について

（省略）

六、外国語教育について

さいきん日本精神運動勃興《ぼっこう》し、拝外思想を排斥する思潮さかんなり。（中略）外国語をも眼《め》の仇《かたき》のごとくなす者多く、ために中等学校（筆者註・現在の高校）における英語熱のまことに振わざるものあるは遺憾なり。本職は明言す。「これら浅薄なる日本精神運動家の外国語排斥のごとき似而非《えせ》なる愛国運動家の言に雷同すべからず」と。再言す。「外国語は海軍将校として大切なる学術なり」

七、国語漢文教育について

（省略）

八、歴史教育について

歴史教育においては史実を暗記せしむる必要なし。国家興亡の因《よ》って来る因果を正確に把握するよう「歴史の読み方」を教うべし。

九、自学自習について

（省略）

十、生徒の生活について

「生活は愉快に」。これは本職の方針なり。生徒の生活を愉快ならしむるためには

(一) 生徒をして精神身体の両方面にいますこし「ユトリ」を与うること

(二) 日課行事に変化を与うること

㈢　学暦に変化を与えること
の必要を感ず。
生活は訓育とも密接の関係あり。生徒の生活に余裕（筆者註・ゆとり）を有せし
めざるときは、
㈠心のうるおい　㈡寛容なる気持　㈢進んで事を為《な》さんとする気持　㈣他人の立
場を尊重する気持　㈤他人に親切を尽す気持　㈥他人に同情する気持
を失い、ややもすれば自己の事のみに追われ、我利に走らしむる危険あり。
本職が生徒をして一日一度にてもよろしきゆえ、心の底より笑う機会を作らしむ
べしというはその意味なり。
「まじめなる生活とは笑いなき生活なり」と思うは誤りなり。
なお訓育上、あまりに「べからず」の一方的注入に傾くことは将来大木として生
長すべき生徒を盆栽にするおそれあり。つねに注意して、円満にして豊かなる人
間味のある生徒に育てたき念願を有す。
鍛うべきときにはあくまで鍛うべし。しかし温味のなき「枯木寄寒巌」的人格を
つくりたくなし。これ生活問題をとくに取り上ぐるゆえんなり。
さらに井上は、昭和十八年三月二十八日に「教育漫語（其の二）」を教官たちに講

述した。そのなかから要点をあげてみる。

一、天才教育

……兵学校の教育は画一教育にして、天才教育は不可なり。理由は至極簡単にして、海軍兵学校卒業者は全部卒業と同時に海軍少尉候補生を命ぜられ、また年ならずして海軍少尉に任官す。（中略）ゆえに本校卒業者にはいちようにこの任官に所要の最低限度の能力（徳、智、体）だけは付与して卒業せしむるの要あり、兵学校の教程はその基準なり。ゆえに本校教育の目標はきわめて明瞭《めいりょう》にして、退校者をなくし、また落第者をなくすることが第一。つぎに全体の修業成績を良きが上にもこれを向上せしむることその第二なり。もちろん右の意味における教育の実施にあたり、生徒各人はみなそれぞれの天分を有し、本人またこれに気づかずにいること多きゆえに、教官がこれを見出《みいだ》してこれを培養する気持にて教育する広き意味の天分教育、啓発教育は当然これを行うべし。

二、学士か丁稚か

前節において海軍兵学校教育の最低水準線は少尉に一様に任官せしめうる軍人を仕上ぐるにありと述べたるが、ここに目標とせる少尉とは目前の職がすぐ勤まるのみの人をいうにあらずして、そこには双葉の若木のごとき生長発育の潜在力を有するを必要とすることもちろんにして、いずれかといえば大木に生長すべき「ポテンシャル」（Potential）を持たしむることこそ本校教育の重点とするところなれ。少尉または候補生が艦船部隊に配属せられ、配置を与えられたる場合に即刻その職は満足に成しえずともいたしかたなし。その当てられたる職なり配置なりにつき自ら研究せんに、短時日にてそれが手に入るがごときいわゆる「物をこなす能力」を有するとともに、将来漸次《ぜんじ》階級が進み、また科学が進歩するに応じ、順次その境遇にたいする所要の研究なり修業なりを自ら成しうるごとき素地を有せしむることが本校教育の眼目なり。すなわち丁稚は本校教育の目標にあらず、本校教育は学士様を養成することなり。

現在戦時なるがゆえに戦時体制と称し、なにごともただちに間に合うことを目標とすること国内一般の風潮なり。これは事柄による。戦争に従事すべき軍人の教育を行う兵学校においてこの戦時体制の教育を必要となすがごとく考えらるるも、実はしからず。

国家百年の計を考え、将来永久にますます発展すべき帝国海軍の核心たるべき将校の責務に思いをいたすとき、本校の生徒教育は眼前の打算に禍せられ、累を遠き将来に遺《のこ》すがごときことをなすべきにあらずと認む。

三、科学的躾

海軍将校はその勤務および生活において高度の科学性を要求せらる。しかるに現在までの海軍将校のそれにはなお幾多の非科学性の存在するを見るはまことに遺憾とするところなり。

これ日本人一般の科学水準の低きことその主因なるべしといえども、さりとてこれを放任すべきにあらず。これを克服することは本校科学教育の任なるべし。

ここにおいてわれわれは本校の科学教育が生徒の生活なり勤務なりと遊離しおるがごときことなきや、また生徒にたいする理化学教育が生徒の身に着かず、科学教育が講堂内の教科書紙上のきわめて抽象的なることの空暗記に終始しおるがごときことなきやを反省する要ありと認む。

よって本職はここに生徒にたいする科学的躾を提唱す。

教官監事は教務時間中はもちろん、訓練中および生徒生活のすべてにおいて、生徒の行為作業の細部について、その非科学性を見ば、根気づよくこれを教示是正するとともに、進んでは、いつも生徒をしてその行為、作業を科学的に合理的ならしむるの習性を養うを必要とす。

「死生観」についての井上の考え方は、「職務第一・死生超越」であった。

校長として生徒たちを観察していた井上が「いかん」と思ったのは、

「どの生徒も緊張して眼が吊《つ》り上がり、どうもやりきれないという表情をして、朝から晩まで、こせこせと走ってばかりいる。

また、手の動きから足の運び方まで型にはめられている。

結局は上級生がつまらないルールをつくりすぎて、それを下級生に強制するからああなっているのだ。あれでは家畜の生活で、自由裁量ができる士官には育たない」

ということであった。井上の生徒時代は、訓練はもうれつだが、生活は「リズムがあり、調和があり、詩もあり、夢もある」で、人間らしい自由があったというのである。

生徒訓育担当の生徒隊監事松原博大佐（第四十五期、のちに少将）と学術教育担当の企画課長小田切政徳中佐（第五十二期、のちに大佐）に、生徒の生活にゆとりを持たせるようにと指示した。

井上が指摘するように、生徒の生活にゆとりのない一つの原因は、「上級生がつまらないルールをつくりすぎて、それを強制する」ことにあった。

その具体的な例をあげるまえに、兵学校の生徒生活の基本となっている「分隊」と「日課」について、かんたんに説明しておきたい。

私たち第七十四期が入校したときは、第七十二期から第七十四期までの全校生徒は二千五百余名であった。その二千五百余名は、第一分隊から第六十四分隊までの各分隊に配属された。一個分隊は、平均して、一号が十名、二号が十四名、三号が十六名、全員で四十名という生徒で構成されていた。六十四個の分隊は、第一、第二、第三の三つの生徒館に分けて配置され、それぞれ一階の自習室と二ないし三階の寝室を持っていた。

四十名の分隊員は、その自習室と寝室をベースとし、分隊監事（佐官か大尉）の監督下に一号が二・三号を指導して合同生活をしていた。短艇、武道、銃剣術、体操、拳銃、小銃、水泳、登山、棒倒しその他の訓練も一・二・三号合同でやり、訓練のしめくくりには全校での分隊対抗競技をおこなうというものであった。ただし学術教育は、当然ながら期別であった。なお三号生徒の正式名称は第一学年生徒、二号が第二学年生徒、一号が第三学年生徒であった。

兵学校の日課は、冬は午前六時に起床ラッパで起き、午前と午後の学術教育、ついで訓練、夜の自習を経て、午後十時に巡検ラッパで寝るという、軍艦生活に合わせたものであった。

学術教育の科目は、井上の「教育漫語（其の二）」に出てくる普通学の各科目のほかに、軍事学の運用、航海、砲術、水雷、通信、航空、機関、工作、軍政、軍隊統率、陸戦などであった。

日曜、祝祭日は休日で、島内かぎりではあったが外出することができた。

ではここで、「上級生がつまらないルールをつくりすぎる云々《うんぬん》」の具体例を紹介することにしたい。

私の同期の安藤仲は、一年まえに第七十三期として入校したが、最初の一年、一号に反抗したり、校則を破る行為をしたり、勉強をあまりしなかったために、第七十四期に落第させられたといっている。その安藤が、誰も書かなかったような手記を、第七十四期の会誌『江鷹』昭和五十七年十月号に出して、七十四期だけでなく、兵学校出身者間に大反響をまきおこした。「四捨五入」という題の生々しい体験記で、兵学校生徒生活の欠陥を痛烈にスッパ抜いたものである。そのなかの要所を引用させてもらうことにする。

＊

まだ俺《おれ》が落第するまえの七十三期のとき、ちょっと風変りな懲罰事件があった。

風変りというのは、月並みな破廉恥事件ではない、という意味である。事件の仕掛人は俺だったが、「免生」（退校）になったのは、そのとき俺に手を貸した工藤憲治（仮名）の方で、張本人の俺の方はなぜか五週間の「禁足」（校内の遊歩区域以外は足どめ）だけで首をつないだ。工藤は、おなじ分隊の三号仲間の一人であった。

それは入校してほんの三日目の夜だった。自習の後半がはじまったばかりで、俺たちは自習室の前に立った伍長《ごちょう》（一号の先任で、分隊員の指導責任者）から、しかつめらしく例規の説明をうけていた。その張りつめた空気の中で、とつぜん俺が伍長に申しでた。

「はなはだ尾籠《びろう》な話でありますが、便所に行きたいのであります」

伍長は俺の眼を覗《のぞ》きこんで一瞬絶句した。と、一号の一人が、うしろ（一号の席が一番うしろ、そのまえが二号、一番まえが三号となっている）の隅から割りこんできた。

「安藤、貴様いまなんていった。もういっぺんハッキリいってみろ」

ここはいわれたとおりにするのが無難だろうと、一語一語に力を入れていいなおした。

とたんに背後で、ざわめきが起きた。嘲笑《ちょうしょう》や舌打ち、苦々しげな呟《つぶや》きなどがそのざわめきを合成していた。尾籠がどうの、婆婆気《しゃばつけ》がどうのというようなものであった。
伍長は眉をしかめ、
――休憩時間に用をすませておかなかったのか
――それで、またいきたくなったのか
――自習止めまで我慢できんか
――腹具合でも悪いか
と問い糺《ただ》したあと、仕方なさそうに許可をあたえた。
俺は廊下へ出ると、肩の力を抜いた。実をいうと、用を足したいわけではなかった。たまたま、こういう息苦しいほどの緊張の最中《さなか》に、生理的な要求を出したら、一号はどういう対応を示すだろうかと思ったので、試してみたのである。バカ丁寧ないい方をしたのは、前夜、一号の誰かが、
「海軍は陸軍とちがって万事お上品だからな」
といったのが頭の隅にあったので、それに従ったのである。
ころあいを見計らって、席に帰りつくと、伍長が俺のまえにやってきた。
「さきほどの貴様の言葉づかいについてだが、前の方の断りの部分はよけいだ。どんな場合でも、用件そのものだけをいえばよろしい」

「いいな」と物静かな調子でいったので、俺はすなおに「ハイ」と返事をした。

するとその瞬間を待っていたかのように、さっき割りこんできた一号が、

「安藤ッ！」

と、高圧的に呼びかけた。

「いいか、よく聞いておけ。兵学校では貴様が口にしたような、あんな、女の腐ったようないい方は、一切禁物だッ」

その言葉を聞くと、俺の躰《からだ》の奥に火が点いた。

俺はいった。

「お言葉を返すようですが……。さきほど私が申し上げた言葉のなかには、ご指摘をうけるような女性的ないいまわしなど一つもありません。いったい私のいった言葉のどの部分が……」

そこまでいいかけたとき、自習室全体が、怒声や咆哮《ほうこう》の坩堝《るつぼ》と化した。

「だまれ、だまれ、このたわけ者が」

「三号の分際でなにをぬかすッ！」

「天下の兵学校を、なんだと思っとるか」

なかの一人はすっ飛んでくると、俺の脇腹《わきばら》に肉迫し、俺の頭をガンと殴り、

「一号に向かって、お言葉だろうがなんだろうが、勝手にモノを返すんじゃないッ」

床を踏み鳴らし、身をねじってどなった。

俺は、自習止め後、一人だけ部屋に残されて、三人の一号から吊し上げを食った。

「そもそもここは、貴様のような奴の入ってくるところではない」

「よくも貴様のようなヒネクレ小僧が、網の目をくぐって入ってこれたものだ」

「俺たちが卒業するまでには、きっと貴様を叩《たた》き直してみせる」

（人間がそうかんたんに、殴られたりこねくりまわされたくらいでつくり替えられてたまるか）

と、俺は一号たちの眼を見返しながら思っていた。


その夜はもちろんだが、翌日の午前中も、その件で俺に話しかけてくる三号仲間は一人もいなかった。入校早々からこんな騒ぎを起こす奴と気安くすれば、災《わざわ》いを招くと懸念するのは当たりまえであった。

そんなとき、工藤が現われた。その日の昼食の五分前であった。食堂のまえにいた俺のところへくると、肩を叩いて、

「おぬしなかなかやるのう。気に入ったぜ。人間はすべからく、いかなる境遇にあろ

うともオリジナルに生きなきゃいかん、オリジナルに……」

といって、工藤は二度ばかりうなずいた。

工藤は三、四歳のころから中学の三年まで、父親の仕事の関係からアメリカの西部で暮らしていた。柔道は三段で、拳闘もすこしやるということだった。

その工藤が、三日ほどのちに、突拍子もないことをいいだした。すでにそのころは、「修正」（鉄拳制裁）が日常茶飯になっていた。

その日の午後、「号音聴取」（モールス信号練習）を終えて、つぎの体操訓練のために寝室で着がえていると、一足さきに仕度をととのえた工藤がやってきてこういった。

「いったいここは、どういうところかね」

「どういうところとは？」

「一号たちはもっともらしいことをいっては、おれたちを並べておいてやたらに殴るが、果してなにか利目《ききめ》があるのかね」

「まあ確実に面の皮だけは厚くなる」

すると工藤は鼻の頭に皺《しわ》をよせ、

「なにかといえば娑婆気、娑婆気と娑婆を馬鹿にするが、こんな理不尽の通るこっちの方が、娑婆よりよっぽどヘンだとは思わんかね。

あのていどのパンチくらい屁でもないが、別にそれらしい理由もないのにただ殴られっぱなしというのは、どう考えても胸糞《むなくそ》が悪い。相手が三人や四人ならなんとか片づけるという手もあるが……。

どうだい、面白くねぇから、荷物をまとめてアバヨといくか。それとも、ひと暴れしてから飛びだすか」

なんなら貴様も一緒にどうだ——といわんばかりである。

なるほど俺にしても似たようなことを考えないわけではない。第一「修正」というい方からして、どうも胡散《うさん》くさくて不愉快だ。

しかし、まだ入校してから一週間にもならない。どう考えても早計だ。俺は囁《ささや》いた。

「思い詰めるのがすこし早すぎやしないか。まあせっかくここまできたんだ。どうせならもう二、三日、遊びに来たつもりで、様子を見てからにしたらどうなんだ」

「遊びに来たつもりか……」

工藤は目を細め、口許《くちもと》に薄笑いを浮かべた。

「よし、二、三日だけ様子をみよう」

ところが八日の午後五時に大講堂で、草鹿校長から宣戦布告の詔勅を聴かされると、工藤はいかにも不本意そうな顔をした。

「こうと決まれば、まさか今から『ハイさようなら』というわけにもいくまい。まあ当分はおぬしのいうとおり、おとなしく様子を見ることにするか」

思い直した風情でそう洩《も》らした。

工藤はその後、宗旨替えでもしたように、不穏当な言動は見せず、黙々と、「生徒の道」に没入していった。それでもたまには本心が、不用意にその眼に出ることもあるのだろう。並んで修正をうけるとき、相手に妙な眼つきをするらしく、

「なんだ貴様のその眼つきは」

などとどなられて、一発二発よけいに食っていた。

あるとき俺は工藤の肚《はら》の底を探ってみたことがある。工藤は、「なあに」と鼻先で笑い、「こういうところは、こうしてハイハイといっていれば一番楽だからさ。意気地がないといわれればそれまでだが、べつに深い考えはないがネ」

といった。

おなじ分隊の三号仲間に、木田秋男（仮名）というのがいた。席次はごく上の方だが、入校当初から、上級生の方を盗み見る癖がめだった。見たところ肉も脂肪も人並みについているのだが、躰《からだ》を使うことになると意気地がなく、撓漕（短艇）でも掃布《そうふ》

（床拭《ふ》き）でも、すぐにヒィヒィいっては顎《あご》を出した。

相撲などは大の苦手らしく、恰好だけは突っかかってゆくが、相手に触るか触らぬうちに、コロリと自滅した。

棒倒しのときなども大袈裟《おおげさ》で、台（上に一号二号が乗る）のとき、隣り同士で腕を組まされ、猛者《もさ》の一号から、

「さあ、そのままぐっと腰を落とせ。いいか、その手だけは死んでも離すなよ！」

などといわれると、殺されそうな顔をした。

そんな木田にも得意になる時間があった。

巡検（就寝前の当直監事・週番生徒の見まわり）の前に寝室の中央に集まって、雑談に花を咲かせる一刻《ひととき》があった。木田はいつも、イの一番に輪の中央にしゃしゃり出て、どんな話題に口を出した。

ある晩、釣の話から、二号の一人がヤマメという魚の名前を口にした。沖縄出身の一号が、

「ほう、ヤマメか、知らんなあ、どんな魚だい」

その二号に目を向けた。

すると、木田が、アッというまに口を出した。

「形や大きさは、鰊《にしん》に似たきれいな川魚で、漢字で書きますとたしか、山の女って……」

とたんにさっと、座が白けた。

いかにくだけた時間でも、三号の口から生徒館で、大っぴらに「女」がとびだしてはまずい。

木田は口をつぐんでうろたえた。

尋ねた一号はムッとして木田を見すえ、

「誰も、どんな字だとは尋ねやせん。どんな魚かと、二号生徒に聞いたんだ。聞かれもせんのに、脇からチョロチョロ出しゃばるな」

木田は顎《あご》を引き、たちまち恭順の意を表したが、それでひかえ目にはならなかった。間をおいて別の一号が、気まずくなった空気を取りつくろうように、無理にひねりだした感じの冗談をとばした。すると木田はもうケロリとして、まっさきに笑いだした。

そんな木田に、もう一つ癖があった。

これは癖というより、自衛本能からくる一手段とでもいうべきものであろう。

それは、自分は当番でもないのに先まわりして、あれこれ当番の三号に気を配ったり手を貸したり、ときには仲間の服装の落度や、気を抜いたような態度に口うるさく注意するといった行為である。なぜこのような行為が自衛本能からくる一手段かというと、こういうことである。

その一つは、仲間の些細《ささい》なミスが引金になって、あとで一蓮托生《いちれんたくしょう》に（連帯責任で）修正されるのを防ごうとする意識である。

もう一つは、同僚に注意している現場を上級生に見せつけて、切磋琢磨《せつさたくま》に励んでいるというところを認めてもらおうという下心である。

さていよいよ事件の発端だが、愛媛県の小部湾《おうべ》での幕営（キャンプ）から帰校して間もないある日のこと。くわしくいえば夏休暇のはじまる寸前のことだったから、昭和十七年七月三十日か三十一日のことである。

分隊の三号全員が、昼食後生徒隊の週番生徒（生徒隊の軍紀風紀を取り締まる。軍艦の甲板士官役）室によびつけられ、かなりはでな修正をうけた。理由は、朝のうちにとどけるべき報告当番が果さなかったからだ。だが、果さなかったとはいっても、当番の宇野浩（仮名）はそれを忘れたのではなかった。たまたま報告に急ぐ途中で、よその分隊の自習室のまえの昇汞水《しょうこうすい》（手を消毒する）の台に蹴つまずき、そこら一面と自分の服を水浸しにした。そのために、現場復旧や服の着換えに手間どって、報告の機会を失ってしまったのである。

仲間を道づれにしたことを気に病んだ小心の宇野は、午後の課業整列のとき、早目に出てきてつぎつぎに顔を見せる仲間たちに、いちいち目顔で詫びを表明した。

大半の者は、お互いさまよ、と受けて流したが、木田だけは苦りきった目を宇野に向けた。

「あんなときは、途中で早めにいってくれればかわりに誰でも行ってやれたのに、貴様そこまでは気がつかなかったのか。

どうした、休暇が近いものだから、気もそぞろっていうわけか」

とたんに俺はムラムラッときた。

「おい木田、貴様すこしいいすぎだぞ」

わきからどなると、木田はハッとして俺の方をふり向き、それから口を尖《とが》らせていった。

「なにが……、なにがいいすぎだ。余計な口出しはしないでくれ。宇野はこのまえも似たようなケースでしくじった。だから気をつけてもらおうと思って注意してるのになにがいいすぎだ」

ふだんの木田なら、そこまでは向かってこない。だが今は、みんなの前で口を切った手前もあり、二号生徒も集まりかけてきたので、味方がバックについたと思ったのだろう。

俺はいった。

「つべこべいうな、この表六玉《ひょうろくだま》が……。

ふた言《こと》めには注意する注意すると偉そうに——、いったい自分を何サマだと思っていやがるんだ」

そこまでやれば木田は尻尾《しっぽ》をまくと思ったのである。ところが木田は、めずらしく居丈高《いたけだか》になった。

「フン、なんだい。貴様にそんなことをいう資格があるのか。そんなことをいうまえに、まず自分の頭の蠅《はえ》でも追ったらどうだ」

俺は木田に向かって歩きだした。あと一歩か半歩で木田に手のとどくあたりまで行ったが、そこで工藤に腕をつかまれた。

「よせよ安藤、こんなところで。やるなら場所を改めてからにしろ。菊の御紋章（生徒館の正面玄関上に飾ってある）が見てるからって、御前試合にはならねぇぞ」

——その日の夕食後。俺は一人で、人気のない八方園神社（兵学校校内にある）の境内にいた。

ほどなく、工藤に伴われるようにして木田が来て、俺から一間ばかりのところに突っ立った。

「話ってなんだ」

「さっき俺に頭の蠅でも追えといったな。もういっぺんここで、おなじことをいってみろ」

「いっぺんいえば十分だろう」

「いいからもういっぺんいってみろ！」

「いったらどうする」

「きまりきったことを聞くな。二度といえないようにしてやる」

木田の表情には、昼間の虚勢や尊大さはなくなっていたが、押しだまっていた。

そのとき工藤が近よりながら、木田に話しかけた。

「どうだい木田、いえないか。……それならもう謝っちゃえよ」

しかし木田はなおだまっていた。工藤はいった。

「そりゃあ俺にしたって安藤にしたって、能書《のうがき》のいえる資格はないかもしれん――。

だがな木田、俺たちは、貴様のように、上級生に平気で揉《も》み手をするような、そんなみっともない真似《まね》だけはやらねぇぞ。——まあこういった規則ずくめの、頭をがっしり抑えつけられているようなところには、えてして貴様のような、要領よく立ちまわろうとする奴が出てくるもんだが……」

　そこで木田が叫びをあげた。

「そんな話は聞きたくないッ！　俺はなにも貴様なんかに、そんな説教をされる覚えはない。もしつづけたければ伍長か、分隊監事のまえでやってくれ。俺は帰る」

　いうが早いか、クルリと背中を向けた。

　俺は走り出した。一瞬早く、工藤が木田の出足を払った。のめった木田は、体勢をたてなおすと、工藤に武者ぶりついた。工藤の右手が空を切り、木田の帽子がスッとび、木田は横の植え込みに倒れこんだ。

　怨《うら》みの涙を眼にためて立ち上がった木田は、帽子を拾い裏の参道を駈《か》け降りていった。

　その夜、工藤と俺はべつべつに、伍長に伴われて分隊監事のまえに出頭した。俺はそこで、二人の扱いに差のあることを知り工藤に大きな借りができてしまったと、胸の塞《ふさ》がる思いがした。

　翌日工藤は、闇《やみ》から闇へ葬られるように、生徒館から去って行った。そのまえに、俺は、私物を取りに来た工藤と、洗面所で会った。すでに胸からはネーム・プレート（名札）が消えていた。工藤はいった。

「とんだ与太者扱いされたものよ。懲戒規則の第二条第十四項（暴行、脅迫、闘争または侮辱の行為ありたるとき）とかいったな、しかし、たった一発でこうなるとは、まさに四捨五入ってとこだな」

そして笑った。

「これからどうする」

俺が聞くと、

「なあに、戦争するのは、なにもここを出た人間だけの専売特許というわけじゃなし、まあ俺のことは気にするな。それに、当初の予定がすこしずれたと思えば、べつにどうってことはない。ここで別れるのは残念だが、生きてりゃどこかでまた逢《あ》えるだろう。せいぜい好きなようにやってくれ」

一方の木田は、その日を境に人間が変わった。まるで洞窟《どうくつ》の奥にでもひき籠《こも》ってしまったように、一人で沈潜していた。得意気だった巡検まえのひとときにも、みんなのうしろで侘《わび》しげに、弱い笑いを浮かべていた。

その木田は、昭和十九年三月に兵学校を卒業して巡洋艦乗組となったが、昭和二十年に入るとすぐ、まだ明けやらぬ南海の波間に、艦と共に生涯を閉じた。

昭和五十七年一月末のことであった。明け方、家で新聞をめくっていた俺は、工藤が大きく写真入りで載っている記事を発見して、飛び上がらんばかりに驚いた。

その後の四十年というもの、工藤の消息はどこからも入ってこなかった。すでに完全に過去の人間になっていたその工藤が、米国H大工学部の主任教授として、また都市工学分野の世界的な権威として、甦《よみがえ》ったのだ。記事によると、工藤は三十年以上もまえからアメリカに住みついて、一途な研究の人生を歩んできたが、このたび関係機関に招かれて、講演や、会議に出席するために来日したということである。

新聞社に問い合わせて工藤の宿舎を知り、電話が通じたのは、その夜もかなり更けてからであった。

工藤憲治本人であることをたしかめ、むかし江田島にいたことがあるかと聞くと、工藤は息を呑み、聞き返した。

「どなたさんで……」

「四捨五入の片割れだ」

「………」

「俺の声を忘れたか、アンドウシンだ」

「ウオーッ」

工藤は躰の芯《しん》から絞り出すような、長い長い呻《うめ》き声を上げた。

翌朝早く、靖国《やすくに》神社で落ち合った。前夜の長電話のなかで、木田をはじめ、戦死した多くの仲間や分隊の先輩たちのことを知った工藤は、四十年の眠りから一気に覚めたように、できれば一緒に詣《もう》でたいがといいだしたのだ。

雲の厚い、風の強い朝であった。並んで額づく二人の頭上で、吹き渡る風が樹々《きぎ》の梢《こずえ》を鳴らしていた。俺が頭を上げて脇を見ると、身じろぎもせずに合掌している工藤の銀髪が細かく顫《ふる》えていた。

(こいつも歳《とし》を取ったな)

俺はまた、眼を閉じた。

＊

では、この安藤が、一年八ヵ月後の昭和十九年三月に一号になってから、下級生にたいしてどういう風にしたかというと、

「三号のときは年がら年中、一号にたいしてこんちきしょうと思っていた。だから一号になったときは、これだけやられたんだから、卒業するまでには元をとってやろう

と思った。

また、さいしょはぶん殴られるのがおっかなかったが、おっかなくなくなるし、こういうことが七十年もつづいてきたというのは、何か必要だったからだ、一から十まで何にもならないものだったらスタレていたはずだとも思った。

だからおれは一号になってから、思いきってバンバンやった」

となり、七十一期とおなじように下級生をどなり殴ったようである。

私自身は、三号時代に、七十二期の一号にたいしてこんちきしょうと思うほどの頭がなくて、だいたいは一号はえらいしおっかないと思っていた。また、どなられ殴られるのはいつまでたっても嫌だったが、これは我慢するより仕方がないと思っていた。それが一号になってからは、やはりなんの疑問も感じずに、安藤同様、バンバンやった。今になってみると、思索が足りなかったと思っている。

それにしても、三号時代をふり返ってみると、よく殴られた。入校後二週間ぐらいしてはじめておなじ分隊の一号に殴られ、それからは、うちの分隊の一号といわず、よその分隊の一号といわず、毎日のように、どこかで何かで殴られた。七十二期が卒業したのは昭和十八年九月十五日だが、それまで鉄拳の一発一発を数えていったら、三百何十発かになっていた。

殴ることについて、各期の代表的な人はどう考えていたか、何人かに聞いてみたが、それを参考までに紹介しておきたい。

第六十七期の首席で、昭和十八年六月から兵学校教官兼監事、九月から生徒隊付監事（生徒隊監事を補佐して、生徒隊の軍紀風紀を取り締まり、生徒の訓育に当たる）になった元海軍大尉の中村悌次は、六十七期が一号のときの鉄拳制裁について、つぎのようにいっている。

「教官から働きかけがあって、一号総員が鉄拳修正をやらないように決議させられた。どうしてもやらねばならないというときは、分隊監事にとどけてやれということだった。しかし、一部の一号は適当にやっていた。私は鉄拳修正について信念はなかったし、ほかの一号がやるのを止める気もなかった。自分も一度だけだったが、四号の一人を殴った。しかし、弊害もあるから、ゆきすぎないようにと思っていた」

前記の元海軍大尉野村実は、第七十一期の次席だが、こういっている。

「代々殴っているから殴るというものだった。お達示（上級生が下級生にたいする説教）にしても修正にしても、惰性的で形式的だった。いちばんはじめのときは、それなりの理由があったはずだ。われわれのときは思索がすくなかったと思う」

元海軍大尉・第七十二期の三席・沢本倫生《つねお》は、

「おれもそれほど深く考えなかった。だいたいあまり殴らなかったが、よく覚えていることが一つある。屋上の洗濯場で、よその二号を注意したら、ウソをついたので、思いきって殴った。すると、『目が覚めました、有難うございました』といっていたことだ」

という。

おなじく第七十二期の第二十四分隊伍長で、下級生にタンクタンクローというアダ名をつけられてもっとも恐れられた後藤脩は、

「戦争に行けば鉄砲玉がどんどん飛んでくる。そこでひるんで、戦《いくさ》がまともにできないようではだめだ。

鉄砲玉にくらべれば、拳骨（鉄拳）なんて屁のようなものだ。それで横っ面を張りとばされるぐらいでおたおたするようでは話にならない。

三号は殴って鍛え、将来鉄砲玉が飛んでくるところでも、部下を指揮して勇敢に戦えるようにしなければならない。

とくにウソをつく奴は、戦ができないからゆるせないと思っていた」

といっている。

元海軍少尉・第七十四期の次席・堀江保雄は、一号になってから大原分校の先任で

あった。昭和十九年十二月には、戦局悪化のために、七十四期の航空班約三百名が霞ケ浦《かすみがうら》海軍航空隊に出て行き、各分隊の一号は四人ぐらいになった。二号の七十五期と三号の七十六期はそれぞれ十七人前後いる。一号たちは、どうすれば兵学校の伝統を下級生に引き継げるかを話し合った。

「けっきょく、二号を鍛えた方がいいということになり、二・三号両方を殴ることにした」

と、堀江はいっている。

おなじく第七十四期の三席・阿部一孝は、一号のとき、岩国分校の先任であった。

「殴り殴られるということに抵抗はなかった。やはりこのぐらいのことをしなければ、戦《いくさ》はできないと思っていた。理不尽なことはいかんと思ったが。七十六期が入ってきてから、七十四期の指導官から『修正はするな』といわれ、一号たちはいちおう『自粛しよう』と申し合わせた。

ところが、バス（風呂《ふろ》）で三号（七十六期）たちが、一号が修正を止めたということをうれしそうに話し合っていたと、ある一号が知らせにきた。そこでおれは、うち（岩国分校第一〇一分隊）の三号を集めて、

『一号が修正を止めたというのはウソである。それを今から実証する』

といって、ぽかぽかやった」

前記第七十五期の詩人篠田英之介は、こういっている。

「兵学校の鉄拳は、大部分は底意のある制裁というものではなかった。あとにつづいてもらいたいという、たいへん親切なものだったという気がしている」

しかし、理由はいろいろあるにしても、一般的に一号が惰性的・形式的・瑣末《さまつ》的に下級生をどなり殴り、生徒の生活にゆとりや自由が少なくなっていたのは事実であった。

形式的とか瑣末的というのは、たとえば、目つきが悪い、服装が悪い、態度が悪い、しゃべり方が悪い、歩き方が悪い、駈足の仕方が悪い、めしの食い方が悪いなど、こまかいことまでうるさく規制することであった。

そこへもってきて、戦争のために一号はさらに緊張し、下級生にたいする風当たりを強くして、生徒の生活をいっそう窮屈なものにしたようである。

それが井上の目に、

「あれでは家畜の生活で、自由裁量ができる士官には育たない」

と映じたのであろう。

たしかに、私らの生徒のころは、決められたこと、教えられたこと、叱《しか》られたこと以内で物を考え、動いていた。それ以外のことをすれば、たちまちぶん殴られるからであった。

しかしこれでは、実戦に当たって、何にもこだわらずに自由に判断したり、独創的に発想することなどはできなくなるにちがいない。

また、『四捨五入』に出てくるように、一号は下級生の発言やいい分に一切耳を貸さない。たとえ正しいことであっても聞き入れずに、自分らの固定観念と権威主義で抑圧するのが多かった。これが、兵学校出身士官の唯我独尊気質をつくる原因の一つになっていたと思われる。

井上は、「躾には時には軽度の体罰を必要とすることあり」とはいったが、実状は、一号の下級生にたいする規制や制裁が度を過ぎていて、それを是正するのにそうとう頭を痛めたらしい。しかしついに、思うように改めることができないまま、兵学校を去って行くことになる。

「上級生がつまらないルールをつくりすぎて、それを下級生に強制しようとする」ほかに、生徒の生活からゆとりと自主性をなくしていたもう一つの原因は、学術の「詰めこみ教育」であった。

井上の教育参謀役の企画課長であった小田切政徳は、

「井上さんが兵学校生徒だったころは、海軍の兵器といっても、複雑なものはなかった。日露戦争でやっと通信機を使ったていどだ。だから兵学校の学術教育も三年あれば十分だった。ところが、昭和十七、八年ごろは兵器も複雑多岐にわたり、三年でマスターするなんてとてもたいへんになった。

私は校長によびつけられて、どうしたらいいかと聞かれたので、四年にしなさいよといったんだが、そんなことができるわけもないし、学術教育でゆとりを持たせることはできなかったね」

といっている。

大正元年から四年にかけるころの兵学校教育について、元海軍少将の高木惣吉《そうきち》は、『自伝的日本海軍始末記』（光人社）で、

――大正初期の海兵教育は、想像もできない詰めこみ丸暗記で、それも大砲、魚雷、機雷、航海兵器などの構造の暗記におそろしく大きな点数が予定され、物理、数学、英語などの基礎科目の点数は刺身のツマ扱いであった。（中略）なぜ力学や機械学の原理をもっとやらないの　だろう。（中略）そのころの海大のことはわからないが、東郷元帥があまりにみごとに勝ちすぎたので、海兵あたりから、早くも思考停止の丸暗

記教育になりかけたものと思われる――

と書いている。

前記横山一郎はこういう。

「兵学校教育の大きな欠陥の一つは、詰めこみ主義で、判断力を養わなかったことだ。私は人生において最大の問題は情況判断だと思っている。太平洋戦争の最大敗因は情況判断の誤りであった。

さきごろ、江崎玲於奈氏が、

『アメリカの大学は、自主的に物事を解析し組織的プランニングをもとめる能動的な人間、すなわち指導力のある将校をつくることを目的としているのに反し、日本の大学は規律正しい質のよい兵卒をつくることを目的としている』

といっておられるが、私も同感だ」

五、六年まえに、伊号第四十七潜水艦長・兵学校第五十九期・元海軍中佐の折田善次に、

「あんな激戦場を走りまわって、撃沈されずによく生き残ったものだと思いますが、どういうわけですか」

と聞いてみた。すると、こういわれた。

「君らは知らんだろうが、おれは潜水学校普通科学生のときは尻から二番で、△印がつけられて落第しそうだったよ。

しかし、戦争に行って、兵学校や潜水学校で教えられたとおりにやっていたら、とっくに沈没していたと思うよ。かんじんなのは、その情況でいちばんいいと思うことをやることだ。

たとえば、学校では、昼潜航して夜浮上しろと教えられたが、おれは昼浮上して夜潜航したんだ。レーダーが発達したら、夜だってつかまってやられる。それなら昼浮上して、こっちのレーダーと見張りで、遠いところから敵の飛行機やフネを見つければいい。それから潜航して十分間に合うからだ」

このような詰めこみ教育にたいして、井上がどのような手を打ったかというと、伝記刊行会『井上成美』は、つぎのように書いている。

――井上は、従来の一夜漬でも答が出せる、主として暗記力を試すような試験方法を改め、各科目についての科学的思考力や、身につけたセンスの程度を査定することができないものかと、教官たちに試験方法の工夫改善を要望した。もし、このような方法が可能となれば、生徒の学習態度は一変し、学んだ学術を仕事に活用できる実力が身についた生徒を養成できると考えていたのである。

（中略）兵学校の兵器教育の中に機関学校の機構学の構想が採り入れられ、兵器と理論双方にまたがる新しい課目が設けられることになった。これを井上は「理兵学」と名づけた。各術科教官室では普通学教官の全面協力を得て、各科ごとに理兵学教科書を作って教授することになった。航海理兵学教科書が一番早くでき上がった――

また井上は、「教育漫語（其の二）」の「学士か丁稚か」で、「眼前の打算に禍せられ、累を遠き将来に遺すがごときことをなすべきにあらず」といっているとおり、普通学第一主義をとり、軍事学の授業をへらし、生徒の負担を軽くするように努力した。

前記、生徒隊付監事であった中村悌次は、井上のこの方針に補足するように、こういっている。

「すべての教官が考えていた生徒教育の眼目は、戦争に役立つ士官をつくることであった。職務熱心で、部下をよく指揮統率できる人間をつくるということであった。この点は、井上校長から、そうではないといわれたことはなかった。

術科（軍事学の）については、教官たちも、校長のいうとおり、卒業して配置についてから勉強しても間に合うと思っていた」

とすると、極端にいうならば、兵学校では専門的な術科は全廃し、教養科目と、術科の基礎となる普通学科と、軍事学概説ぐらいの教育でよろしいということになりそうである。それならば、生徒の負担がぐっと軽くなり、ゆとりもできるであろう。ただし、この方針は、「普通学をへらし、軍事学を強化すべし」という海軍省軍令部などからは、国家存亡のときになにごとかと「国賊」視されたのであった。

だが、それでも井上は自説を曲げなかった。

話は変わるが、昭和十八年八月に予定されていた第七十五期の入校試験で、英語を試験科目からはずすかどうかということが、この当時大きな問題となった。陸軍士官学校ははずすことを決定していた。陸軍は、英語は敵性外国語であるから、一般国民も一切英語を使うなと主張していたのである。

昭和十八年春の教官会議で、その討議がおこなわれた。すると、優秀な中学生が英語を嫌って陸士に行くことになるから、兵学校でも試験科目からはずすべきであるというのが、圧倒的な意見となった。はずすことに反対したのは数人の英語科教官だけであった。ところが最後に井上はこういった。

「およそ自国語しか話せない海軍士官などは、世界中どこへ行ったって通用せぬ。英語の嫌いな秀才は陸軍に行ってもかまわん。外国語一つもできないような者は海軍士官には要らない。陸軍士官学校が採用試験に英語を廃止したからといって、兵学校が真似することはない」

これにはさすがに校長横暴という声もあったが、委細かまわず井上は圧倒的多数意見を抑えつけ、英語を試験科目にのこすことを決定した。

しかし、井上のこのような態度は、それがたとえ正しいにしても、多くの教官から、敬遠されるものであったということも事実のようである。

また井上は、基本方針を示すだけであとは担当者に委《まか》せるというタイプではなくて、数学でも英語でも国漢でも、細目に至るまで、自分の見解をこまごまと示した。

英語教育についても、

㈠兵学校の英語教育は、文法を基礎とし骨幹とすべし

㈡英語は頭より読み意味の分ることを目標とすべし。英文を和訳せしむるは英語の「センス」を養うに害あり、（中略）和訳は英語を読みながら英語にて考うることを妨げ、反対に英語を読みながら日本語にて考うることを強うるを以てなり

㈢㈣（省略）

㈤英文和訳の害あるがごとく英語の単語を無理に日本語に置き換え訳するは、百害ありて一利なし。英語の「サービス」のごとき語を日本語に正確に訳し得ざるは、日本の「わび」とか「さび」とかいう幽玄なる語を英語に訳し得ざるとおなじ

と、英語科の主任教授のような調子で専門の教授たちに示している。これでは示された方がウンザリするのも無理がなさそうである。

自由裁量や独創性は井上のいい特色なのだが、ときに理想に走りすぎて現実性をなくし、また他人の気持をかまわずに自分の考えを出しすぎるクセがあって、まわりをシラケさせる傾向があったようである。

中村悌次はつぎのようにいう。

「校長は、私らにとっては雲の上の人だったから、私はめったに直接接することはなかった。校長のところへ行くときは、しゃっとバンドを締めなおして行ったものだ。校長の威令はほとんど行なわれていた。何かの会議で、『これは校長のご趣旨である』となると、それで終わりだった。

しかし、私には近づきにくかった。あるとき先任生徒付監事の村井さん（喜一、少佐、第六十一期）から、

『おい、いっぺん校長官舎にお訪ねしてみないか』

といわれたのだが、右手を振ってお断りした。今から考えれば、お訪ねしておけばよかったと思うが……」

阿川弘之《あがわひろゆき》は、『新潮』連載の「井上成美」序章で、兵学校の英語教授で、生徒たち

に「源内先生」といわれて親しまれていた平賀春二の井上観をつぎのように書いてゐる。

——最近広島郊外の家を訪ねた私に、源内先生が、

「井上さんかね。井上さんは君、蒸溜水《じょうりゅうすい》だよ」

と言つた。

「蒸溜水は飲んでも美味《うま》くない。下手に飲むと腹をこはす。別の喩《たと》へ方をすれば、設計図の青写真だね。青写真はどんなに精巧に出来てゐても、芸術品にはなりません」

（中略）

「井上さんが人間といふものの面白さ、人生の芸術味をほんたうに悟られたのは、いくさに負けてからではないだらうか。校長時代、僕のやうな下つ端は、畏《おそ》れ多くてとても近寄る気がしなかつた。僕だけぢやない。誰も、官舎へなんか遊びになんか行くもんか。前の草鹿校長と、えらい違ふ。御本人は淋しかったらうと思ふけれど、水清すぎて魚棲《す》まず、雑魚が寄つて来ないから独りよがりの自信過剰になり易《やす》いんです。立派な人だが、孤独の提督だ。秀吉に配する竹中半兵衛《たけなかはんべえ》と同じで、上に使はれて、ふところ刀として初めて光る。明治以来歴代海軍大将のほとんどを、二等大将三等大将と酷評されたさうだが、あのままアドミラルとして出すところへ出したら、井上さん

こそ三等大将ですよ」——

なお平賀は、井上の英語直読直解主義にたいして、伝記刊行会『井上成美』のなかで、こういっている。

「旧制高等学校のように英語の時間数の多い学校でなら効果も上がりましょう。しかし時間数の比較的少ない兵学校で、しかも戦局日々に緊迫の度を加えつつある折から、このような授業はまだるっこしく、かつ非能率だと思われてなりませんでした。また微妙な個所《かしょ》は外国の言葉ではままならず……」

井上の前任校長である草鹿任一の人柄についてはまえに触れたが、ここでも二、三紹介したい。

野村実は、『提督草鹿任一』（草鹿提督伝記刊行会篇・光和堂）のなかで、「草鹿任一校長の思い出」として、つぎのように書いている。

——草鹿さん（そう呼ばせていただくのが、われわれの気持にいっそうぴったりする）の生徒に対する接しぶりは、その風姿と同じように、特異なものがあった。ときどきある大講堂における校長講話では、話の途中で突然、何分隊の誰々と指名して、意見を言わせたりする。私もばくぜんと講話を聞いているとき、急に質問を受けて、仰天した経験がある。草鹿さんが指名の生徒の顔を知っているわけではなく、名簿上で調べて覚えてきたに相違ない。その生徒が講堂のどこかで講話を聞いていることも、また確かであった。

軍人勅諭の奉読を誤っても、平然たるものがあった。教育勅語の誤読から責任を感じ、切腹した小学校長のいた時代である。読み返して、何事もなかったように読み進む草鹿さんの声には「人間」が感じられた——

「軍人勅諭」が出てきたので、ちょっと説明しておきたい。海軍では、「軍人勅諭」をうるさく強制しなかった。井上の「勅諭衍義《えんぎ》」にしても、適正に理解させようという趣旨のものであった。私らも、入校後まもなく筆で筆写させられたが、その後はとくにうるさくいわれた覚えがない。

第五十一期の大井篤は、つぎのような話をする。

「大正十年前後のことだ。毎日曜日の朝、温習室（自習室）で勅諭を黙読させられた。読んだふりをしていてもよかった。

分隊点検のとき、校長が勅諭を読み上げるのだが、あれが長くて辛かった。ところが、千坂校長（智次郎、中将、第十四期）は、『わが国の軍隊は世々天皇の統率し給うところにぞある』と読むと、つぎは中抜きして、『一つ軍人は忠節を尽くすを本分とすべし』になるので助かった。ちょうどそのころ、陸軍のどこかの師団長が、勅諭の一部分を読み抜かし、辞めさせられて評判になっていたんだが、千坂校長は平気だった」

第七十二期の沢本倫生は、草鹿について、

「大講堂で草鹿校長が講話をしているとき、生徒の誰かが草鹿さんに指名されて、

『軍人の本分はなんじゃ』

と聞かれた。生徒は固くなって、

『軍人は忠節を尽くすを本分とすべしであります』

とこたえた。すると草鹿さんは、

『なんじゃ、陸軍みたいなことをいうな、軍人の本分は戦《いくさ》に勝つことじゃ』

といったもんだ」

といっている。

草鹿は、昭和十六年四月十六日に、第七十・七十一・七十二期の生徒にたいする「着任に際し校長訓示」で、

「そこで軍人としてその職責上ぜったいに必要なことは何であるか、それはもちろん『戦に強い』ということである。本校における教育の本旨も帰するところは真に強い

軍人をつくり上げることである」

と述べて、

「軍人の仕事は命を的の戦であるから心に嘘偽《うそいつわ》りがあってはいざという場合にほんとうの仕事はできぬ。心が正しくなければ事に当たりいろいろ迷いを生ずる。戦場において迷いを生ずることは戦に勝つ所以《ゆえん》ではない。ほんとうに正直な人はほんとうに戦に強い人である」

とつづけている。

第七十二期の押本直正は、『提督草鹿任一』のなかで、さりげなく、しかしほんとうは驚天動地と思えることを書いている。

――「樋口（直、第七十二期の次席）は仲々エエところがあるよ、俺が酔っぱらって将校集会所（筆者註・兵学校の裏手、古鷹山麓《ふるたかやまふもと》にある赤煉瓦二階建ての建物で、士官たちが飲食するところ）の二階から小便しとるのを週番生徒で双眼鏡で屋上（筆者註・生徒館の）から見とったらしいんジャ、しかし校長の姿勢を誤解する生徒が出るのを考えて黙っとったそうな、ハハーン」

「ハハーン」というのは機嫌の良い時に出る草鹿任一式終止符である。――

では、井上の後任校長の大河内伝七中将が小田切政徳その他に語った井上寸評を紹介しておきたい。大河内はやはり井上と同期で、陸戦隊指揮官として有名である。

「井上は立派な人物であるが、どうも潔癖にすぎる。私の勧めで、吉川英治の小説『宮本武蔵《むさし》』を生徒館に備えたことがある。ところがおなじ作家の『太閤記《たいこうき》』はどうしても読ませようとしない。理由を聞くと、秀吉は立身出世主義で手段を選ばないところがあり、とても生徒の手本にはできない、という。しかし私は、秀吉のように、おおらかで包容力のある、将に将たる人物に生徒を育てたいと思う」

昭和十八年四月十八日には山本五十六連合艦隊司令長官が戦死し、戦局は尋常一様な手段では挽回《ばんかい》不能となった。そのころ海軍省は、第七十三期と第七十四期の教育期間を二ヵ年半以下に短縮して、すみやかに第一線部隊に投入する計画をすすめていた。しかし、その計画は井上の強硬な反対によって、ひとまず延期された。

第七十二期は、卒業が二ヵ月くり上げとなり、昭和十八年九月十五日に六百二十五名が卒業して、実施部隊に出て行った。

昭和十八年十一月、ソロモン諸島中部およびギルバート諸島へのアメリカ軍来攻にたいして、古賀峯一大将指揮の連合艦隊は航空兵力の全力をあげて反撃した。しかし、航空兵力の大損失を招いただけであった。

それを見た海軍省は、嶋田海相名で、井上に無断で七十三期の教育期間を七十二期よりさらに六ヵ月短縮することを発令した。それ以後の兵学校教育について井上は、真継不二夫写真集『海軍兵学校』（朝日新聞社、昭和四十五年九月五日発行）のなかの「海軍兵学校と私」に、つぎのように書いている。

——ただでさえ三年修業でも教育は充分でないのに、まことに不見識な年限短縮であった。そして、それも急に決めたため教科はすべてが尻切れになる次第だった。このような取扱いをされる生徒は人間づくりの大切な年頃を踏みにじられたもので、見ようによっては一生を台なしにされるわけで、校長として看過すべきではない。何とか校長の権限で対策を立つべきだと考え、つぎのようなことを自分の心の中で決めた。

1　今後、これ以上の修業年限の短縮は職を賭《と》しても反対して生徒を守る。

2　生徒の教科内容の組み替え整理を行う。

ところが19年3月、第73期の卒業式に来校した軍令部の参謀（筆者註・高松宮宣仁《のぶひと》親王大佐、第五十二期）は誰に頼まれたのか生徒の卒業をもっと繰上げられないかとの要求を出して来た。私ははっきりとお断りした。

また、その1、2カ月あと海軍最高の現役将官（筆者註・永野修身大将）が来校のおり、生徒の卒業を更に繰上げられないかとの談判を切出した。私は少々腹が立ったので『私は米作りの百姓です。中央でどんな米が入用か知りませんが、青田を刈ったって米はとれません』と返事した。

2については軍事学は二の次にし、基礎学第一の時間を組むという大改正をおこなった。

これは現在およびこれから入校する生徒が卒業後、または在学中戦争の勝負がつき、世の中に放り出されて、方向転換を余儀なくされても学力さえあれば何とかできると考えて実行したが、戦争中であるから敗戦を予想していることは誰にもいえない。私の腹の中のことだけ。従って教官にも私のほんとうの腹を分からせることが出来ないので、徹底した実行はできなかった点もあったようだが、私は今日でもやってよかったと信じている——

敗戦を予知して生徒のために修業年限短縮に職を賭して反対し、普通学第一の教育をしたというのは、当時としてはあまりにも常識からかけはなれているので、実感が湧《わ》かない。井上のことだからウソではないと思うが、ウソではないとしたら、こういう人物をどういったらいいのであろうか。

小田切政徳は、兵学校長時代の井上にもっとも接近していたが、「井上の敗戦を予

知して」ということについては、

「井上さんは誰にも一言もそんなことはいわなかった。私も聞いていない。もしそんなことを聞かされたら、食いつくぐらいに反対したでしょう。当時私は、ただ目の前のことに一生けんめいで、戦争が負けるなんて考えたこともなかった」

といっている。

第七十三期の教育期間短縮が決定されてまもない昭和十八年十二月一日に、第七十五期三千四百八十名が入校してきた。本土決戦の特攻クラスといわれた。

それからわずか四ヵ月余の昭和十九年三月二十二日には、第七十三期九百二名が、二年四ヵ月という最短の教育期間で卒業して、実施部隊に出て行った。

昭和十九年三月三十一日、古賀峯一連合艦隊司令長官が戦死し、六月十九日にはマリアナ沖海戦で日本海軍が大敗し、七月七日にはサイパン島の日本軍が全滅した。ついで七月十八日には開戦以来の東条内閣が総辞職し、二十二日には小磯国昭《こいそくにあき》・米内光政連立内閣が成立し、米内は予備役から現役に復帰して海軍大臣となった。

七月二十八日、井上はよばれて、京都の都ホテルで米内に会い、懇望されて、海軍次官に就任することになった。ただし、米内海相・井上次官の役割は、誰もが嫌がり背を向けたがる負け戦《いくさ》の幕引きであった。

昭和十九年八月五日、井上は海軍次官に任ぜられた。

この日井上は、兵学校練兵場東の千代田艦橋に白の第二種軍装で立ち、七十四・七十五期の教え子たち四千余人を前にして、

「海軍中将井上成美、海軍次官に任ぜられ、本日退庁」

と宣し、生徒たちの敬礼にたいして、いつものように端正な挙手の答礼をし、それだけで艦橋を駆け降りて去って行った。

四千余人の生徒中、井上が生徒たちに何をしてくれたのか、また海軍次官になるのが何を意味するのか、知っている者は一人もいなかった。雲の上の校長が、そのまま遙《はる》かの雲の上に飛んでいくようであった。

井上は、教官たちに、つぎのことばをのこしていた。

「私は過去一年九ヵ月、兵学校長の職務をおこなってきたが、離職に当たって誰しもがいうような、大過なく職務を果すことができた、などとはいわない。私のやったことがよかったか、悪かったか。それは後世の歴史がこれを審判するであろう」

きびしく、なにかにつけて「過ぎる」ために、敬遠されがちな校長であったが、井上のやったことは、やはり人並みではない偉大なものであったような気がする。

日本初の終戦工作に踏み切る

昭和十九年八月七日、月曜日、井上は海軍省に着任した。

海軍次官の職務は、大臣を補佐して省務を整理し、各局部の事務を監督するとある。局は大臣官房、軍務局、兵備局、人事局、教育局など八局で、部は艦政本部、航空本部など八部である。

海軍省の赤煉瓦《れんが》ビルでは、正面玄関の二階真上に大臣室があり、その右どなりが榎本《えのもと》などの書記官室、さらにその右どなりが次官室であった。三階は軍令部が使っていた。

そのころ軍令部付中尉であった野村実は、

「たいていの人が第三種軍装（筆者註・緑色折襟の略装）なのに井上さんだけがいつ

も第二種軍装（筆者註・白の詰襟）で、顔は精悍《せいかん》だし、容姿態度がきわめてすっきりしていた。

省部の首脳は、毎朝、軍令部の作戦室で前日の戦況報告を聞いていた。その席で井上さんがときどき発言したが、『えー』とか『あー』とかいわず、パッパッと鋭くはっきりいって、米内《よない》さんのいい相手役だなという感じがした。

あるとき、ほかの人たちの服装を見ながら、

『陸軍みたいな恰好《かっこう》をしやがって』

といっていたのが印象的だった」

と、当時の井上を回想している。

海軍省首席副官の大佐であった横山一郎は、

「毎週一回、次官が主催する局部長会議があった。議事録を僕が書いたのだが、そのときに井上さんといちばん接触した。

井上さんはいうこともポンポンいうが、こちらのいうことも聞いてくれるし、やることをきちんとやっていれば何もいわなくて、さっぱりしていた。僕は井上さんとは二度目（筆者註・井上が軍務局長のとき横山は次席副官）だが、仕えやすかった。井上さんは好きだね」

といっている。

大井篤は、スイスの心理学者カール・ユングに関する本を読み、人間をthinking type（思考型）とfeeling type（情緒型）に分ける理論を肯定している。それによると、tは論理的で、これが正しいとなると誰がなんといおうとまっしぐらに行く。fは情緒的で、こうすれば相手が喜ぶだろう、こうする方がうけるだろうと考えてすすむ。だからtとfは相容《あいい》れず、かならず対立する。

海軍軍人では、井上成美《しげよし》がt、草鹿任一《くさかじんいち》がfのいい例だと思うし、日本ではfの方がうけて、tは嫌われやすい、と大井はいっている。

この説からすると、井上と草鹿が合わないし、井上がいいという横山はtタイプの人間となる。

さて、井上は、毎朝、前線からの戦況報告を聞いているうちにいても立ってもいられなくなった。

昭和四十三年九月に、私が同期の四人と井上を訪ねたとき、井上はそのころのことについてつぎのように語った。

「それはもう、どれもこれもひどい報告でした。私は『それ見たことか』と思いました」

私らは、「それ見たことか」といったときの井上の憤りの顔を見て、おどろいた。「こうなることは、戦争をはじめるまえから判《わか》っていたことです。それをいうことをきかずにやるからこうなるんです。

九月のある日（筆者註・ほんとうは八月二十九日）、私は米内さんのところへ行って、

『この戦争はだめですよ。もう誰が何といってもだめですよ。このままでは国が亡びてしまいますから、私は戦争を止《や》める研究をはじめたいと思います』

といいましてね。すると米内さんは、

『うん、やってくれ』

と、すぐいってくれました。

私は、私の下に、高木君（筆者註・惣吉《そうきち》、少将、当時教育局長、兵学校第四十三期）をもらいたい、また工作費として二千円の機密費を高木君にわたすのを許可してもらいたいといったんです。

それについても米内さんは、

『うん、いいよ。機密費が足りなかったら遠慮なくいってくれ。要るだけ出すよ』

と、二つ返事でいってくれました」

野村は、戦後防衛庁戦史部にいたとき、昭和三十六年から三十七年にかけて、公務として三回、私人として数回、井上にインタビューしている。その折り井上は、終戦について、

「大和民族の保存が念願だった」

と、くりかえし述べていたという。

前記「井上と海上自衛隊幹部学校長との座談記録」（昭和四十五年十月二十日）には、つぎの井上の発言がある。

――陸軍がクーデターをやるというと、それをこわがって引っ込んじゃうでしょう。そのことについて、アメリカの進駐軍に、私、呼ばれましてね（筆者註・大井篤が同行）。

プランゲとかいう人が来ていたね。海軍大学の戦史の教官かなんかでした。その人が講和になってから、あっちこっち調べて、クロスベアリングを取っている。

「いわゆる、戦《いくさ》をやめるということのイニシャティブを取ったのは、井上ということになっているんだが、その辺の事情を聞きたい。

みんなに聞くと、陸軍のクーデターとか、内乱を起こすということをこわがって何もやらなかったということだが、あなたはどうですか」

と、きかれました。

「内乱なんか、おっかなくないですよ。ほかの国と戦をして負けるのがおっかない。自分の国が滅びるかもしれないから。しかし内乱じゃ滅びやしませんから、私は安心していました」

といったら、

「なるほどな」

といいました――

米内が承知すると井上は、即刻高木をよんだ。そのあとのことについて高木は、『私観太平洋戦争』（光人社NF文庫）で、つぎのとおり書いている。

――八月二十九日に海兵入校生徒の銓衡《せんこう》会議（江田島）から帰って、たまった書類をさばいていると、次官から電話で、直接話したい要件があるから、都合つき次第本省に顔出しするようにとのことで、至急書類だけに目を通してかけつけた。

麻生秘書官（筆者註・孝雄、中佐、兵学校第五十五期）に断って次官室に入ると、笑顔で迎えた次官は長椅子《ながいす》をあごで指しながら、古びた回転椅子を坐《すわ》った私の方にクルリと回した。低い声だが、きびしい表情に変った次官は、

「戦局の後始末を研究しなけりゃならんが、こんな問題を、現に戦争に打ちこんで仕

事をしている局長に言いつけるワケにいかん。そこで大臣は、君にそれをやってもらいたいとの意向だが、差支えないかネ」

大臣の命とあれば否応をいう余地はない。われわれの待望した大臣、次官である。

「承りました。ご期待に添えるか分かりませんが、最善を尽くしてみます」

次官はそれを聞いてからさらに付加えた。

「このことは大臣と総長（筆者註・及川古志郎軍令部総長）と私のほかはだれも知っていない。部内にも洩《も》れてはマズいから、君は病気休養という名目で出仕になってもらうつもりだから、いいネ」

「けっこうです」

なお連絡、事務、研究の必要からあまり目立たぬ場所に一室をもつには、大学校研究部員の肩書、補佐官（副官役）を一人付けてもらう、研究は直接大臣に報告する。異動発表後、カモフラージュのためしばらく欠勤することの了解を得て教育局にもどった——

こうして高木は、九月十日に、「軍令部出仕兼海軍大学校研究部員」となり、職務内容が「次官承命服務」となった。翌昭和二十年三月には、「兼海軍省出仕」という肩書も追加される。

高木は、この仕事の問題点について、おなじく『私観太平洋戦争』で、

——

㈠陸軍をどうして終戦に同意させるか。

㈡国体保持の危惧《きぐ》と、連合国側の降伏条件とをどう調節させるか。

㈢民心の不安動揺をどうして防止するか。

㈣陛下の決意を固められるために、海軍はじめ各方面に密《ひそ》かに胎動している和平への運動を、いかに連絡統合して宮中に伝えるか。

いうまでもないが、戦争はまだまだ五分五分だと豪語している陸軍、とくにその中堅層が同意してくれれば、㈣は極めて容易に達成できて、結局は㈣が「錦《にしき》の御旗」となるわけであることは、いくら考えても変らない最終的答案であった——

と書いている。

そこで高木は井上と協議し、つぎの方針を二人の間で取り決めた。

すべての和平志向勢力を有機的にむすびつけ、これを表は閣議や最高戦争指導会議（首相・外相・陸相・海相・参謀総長・軍令部総長）などに出席する米内海相、裏は米内復活（予備役から現役）の原動力になった重臣岡田啓介（海軍大将、兵学校第十五期、元首相）の力を借りて、両面から天皇を補佐し、聖断を仰いで終戦にみちびく

（高木惣吉『自伝的日本海軍始末記　続篇』〈光人社より〉）。

方針が決まると、高木はさっそく、政・陸・海・官・財・学など各界の要人、有識者たちをひとりひとり訪ねまわり、意見・情報を交換し、井上と米内に報告し、もどかしいほどすこしずつではあったが、和平勢力の輪をひろげていった。

たとえば、親交のある内大臣（木戸幸一）秘書官長の松平康昌や、元老西園寺《さいおんじ》公望《きんもち》秘書の原田熊雄らを通じて、天皇の側近、重臣たちへ、米内・井上と自分の考えを伝えた。また細川護貞《もりさだ》を介して近衛文麿《このえふみまろ》に働きかけ、近衛から高松宮へ意を通じるようにした。岡田啓介とは直接会って連絡し、また指示をうけた。その他これに類する工作を、ひとりですすめていったのである。

では、高木の「海軍省お庭番」といったものは正式な公務なのであろうか。それについては井上が、防衛庁戦史部勤務の小田切政徳と野村実に、つぎのように語っている。

「秘密にやったんです。高木さんの職務は書き物で訓令は出さない、書類は残さんぞ、だけど、（中略）公の職務として高木君がもらったものなんですよ。（中略）高木君が酔狂で、海軍省で遊んでいるからブラブラしててやったという問題じゃないんです。公務なんですから。陸軍の松谷、荒尾、佐藤（中略）これらは個人としてそういう考えを持っていたというだけのことで、（中略）高木君を同じレベルに並べて見たら大変な間違いになりますから、その点を一つ間違いなく見ていただきたい」

伝記刊行会『井上成美』は、これにこうつけくわえている。

――井上はこの発言で、仮に高木自身が「和平に賛成しなくても、その準備をしなければならない立場にあった」ことを歴史にとどめるべきだと言っている。つまり終戦準備と和平工作は日本海軍の正規のルートによって遂行されたことを証言しているのである――

というわけで、日本における終戦工作は公式に緒についたといえる。しかし終戦、つまり降伏の実現は、戦争をはじめるよりも、はるかにむずかしかった。

当時陸海軍軍人の大多数は、日本が負けるとは思っていなかったし、降伏などはありえないと信じていた。

終戦の条件がととのうのがいつごろになるか、あるいは、ととのわないうちに本土決戦となって日本が滅亡するか、皆目見当がつけられなかった。それでも井上と高木は、不可能のような目標に向かって、遅々とした努力をつづけた。

そんななかで、井上を勇気づける一人の人物がいたことを、伝記刊行会『井上成美』は、つぎのように書いている。

――高木のほかに、井上の胸中を理解していた人がいたのである。兵備局第二課長の浜田祐生大佐（兵学校第四十七期）がその人である。浜田は昭和十九年十月、大臣官邸で開かれた戦備幹部会の席上で、物的国力の現状を詳細に説明し、このままでは戦争続行が不可能なことを大臣、総長にわからせようとした。説明が一時間以上も続いたころ、井上は「浜田、もう止《や》めろ」と制止した。「戦争終結」を口に出しかねまじき浜田の意図を見抜いた井上の思いやりであった。事実浜田は当直の晩ごとに官邸の井上を訪ねては、「戦争終結へ急いでほしい」と頼んでいたのであった。もちろん浜田は井上――高木ラインの活動は知るよしもなく、井上もまた、それを口にできるはずはなかった。

戦後、井上は自分の住所録の中の浜田の名に「（先見の明あり、大忠臣）終戦の必要を、井上（次官）に申出《もうしい》づ。（大海軍で只《ただ》一人）」と添え書きしている――

ところが、高木が使える工作費は、さいしょの二千円と、何日かしての追加の二千円だけでしかなかったので、仕事が思うように運べないことがときどきでてきた。戦後高木はこういっている。

「海軍上層部の唯一の欠点は、シーメンス事件の影響からか、金（機密費）の力を知ろうともしないし、使いもしなかったことだ。陸軍は、戦地で押収した金や阿片《あへん》で簿外の金を充分持っていたので、中佐級の人でも何万という金を使って、政、財、言論界の工作をしていた。海軍はこの事実を知っていながら、あえて目をつぶっていたようだ。

その海軍が、目的も情況も違ったケースではあるが、終戦時の、あの厚木空の工作（マッカーサー進駐の受け入れ準備）に五百万円もの大金を使ったという。その十分の一でもこの終戦工作に使えたら、もっと効果的に動けたであろうに」

これは、金品などを使って人をうごかすことの大嫌いな井上のせいであったろう。

しかし、大井篤はこういう。

「陸軍が金を使って政治工作するのは悪いことだ。そんなのをマネせず、海軍は政治にかかわらずでいい。私は、その点、高木判断はいいとは思わない。海軍が金を使って政治に干与したら、陸軍に文句をいえなくなる」

それにしても、今も昔も金で動く世の中を、正論で動かしていこうというのだから、高木お庭番も並みたいていの苦労ではなかったにちがいない。

当時天皇の考えはどうだったかといえば、かなりのていど推測できるようなことがあった。高木は、『高木海軍少将覚え書』(毎日新聞社)で、昭和十九年九月十七日に会った高松宮の発言を、つぎのように書いている。

一、戦争終末を如何《いか》に収拾するかは、開戦時から考慮し置くべきことである。寧《むし》ろ宣戦の詔勅の中に既にその御旨がある。今回の開戦時におけるように二年後から先は知らぬというような態度は、絶対に採りたくない。（註、殿下の御語気鋭く権威を帯びて拝せられる。大御心にあらずやとの印象さえ浮べり。）

二、戦争終末対策の眼目は、国体の護持にある。玉砕では国体は護《まも》れぬ。また玉砕と云《い》っても女子供迄《まで》玉砕出来るものではない。それはサイパンの実例でも明瞭《めいりよう》である。（中略）「玉砕」を目途としては、国民の士気は挙がらぬ。この意味での国体の明徴がいるであろう。〔筆者註・当時陸海軍は、「一億玉砕」を全国民に強制するように宣伝していた。しかし、考えてみれば、一億玉砕すれば、皇室も国体も国民も滅ぶわけで、いくら士気高揚のためとはいえ、道理に合わないものであった〕

三、戦争終末のことは、陰でこそこそやる必要はない。（註、この点に関しては強く反駁《はんばく》せし〔筆者註・大っぴらにすれば、かえってぶちこわしになるということであろう〕為《ため》、範囲を限りて研究すること、従って作戦課〔軍令部〕やGF〔連合艦隊〕司令部は専心積極作戦に努力すべく、軍令部では直属部員の程度だ〔筆者註・部長直属ぐらいまで研究する〕と譲歩されしも、その御様子は聖上の御身代りに戦局収拾を主唱せられつつある御心境なるやに感得せり。〕

支那事変の収拾も南京《ナンキン》攻略前むざむざ好機を逸した。戦争に希望を持って居らぬくせに、石川〔筆者註・信吾、海軍少将〕の如《ごと》く唯《ただ》強がりを謂《い》ってだらだらと引《ひき》摺《ず》るのは怪《け》しからぬことである。

四、条件は簡単である。

国体護持これだけである。（後略）〔筆者註・陸海軍がかけがえのない大切なものといっているのが「天皇制」の国体である。それならば、その条件が通るならば、和平すべきで、玉砕はすべきではないということであろう〕

五、収拾を甘く見る訳ではない。見ないからこそ玉砕主義という位なことでは出来ないと言うのである。生きて生き抜き皇室を擁護することである。（中略）ＧＦ長官が戦《いくさ》に専念するのは当然だが、総長は戦局収拾を併せ考慮すべきである。戦局収拾の時機は、海軍より言い出すべきである。日露戦争の時は、陸軍から言い出した。今度は海軍が言うべき立場である――

これからすると、米内・井上・高木の終戦工作は天皇の意にかなっていたようである。

高木は、終戦工作に当たって、陸軍の動向をもっとも重視して、「戦争はまだ五分五分だと豪語している陸軍、とくにその中堅層が同意してくれれば……」といっていた。

当時、海軍省軍務局の国防政策担当である第二課局員の中山定義中佐は、それについて、『一海軍士官の回想』（毎日新聞社）で、つぎのとおり書いている。

――私はこの戦争の最後の姿を決定するには、満州事変以来の実績に照らし、結局のところ、政府でもなければ大本営でもない、陸軍佐官級の中枢幕僚群が極めて重要な役割を演ずるであろうと見当をつけていた。

従来陸軍中央においては、参謀本部の発言力が強いといわれてきたが、相次ぐ敗退戦から当然その発言力の比重は、次第に陸軍省軍務局、特に国内関係に移行するであろうと推測された。（中略）

十九年夏頃《ごろ》から唐突として、陸軍省軍務課国内班の畑中健二少佐および椎崎二郎中佐が私の議論相手として登場し、これを契機に事態は一変することとなった。本土決戦を前にして、従来から連絡のある白井中佐・田島少佐とは別に、陸軍最強硬派の登場となったのである。

初対面は、両人から「陸海軍集会所において会いたし」との電話申し入れから始

まって、終戦までにすくなくとも四回は面談を重ねたのである。（中略）

面白いことに、会議の顔ぶれはいつもこの三人であった。そして、しゃべるのはいつも畑中—中山であって、椎崎中佐はほとんど無言に終始したのである。（中略）

第一回の会談からあまり日をおかないで、畑中少佐・椎崎中佐と面談した。場所は同じ木造二階建の陸海軍集会所（霞ヶ関《かすみがせき》官庁街の一角）であった。

今度は、私は意識的に米国の国力やその国内事情などについて詳しい説明を試みた。この会談を通じて私がはっきりと感得したことは、彼等両人とも米国についてほとんど何も知らず、また大して興味を持たないこと、そして神がかりとも思える、いわゆる神州不滅論者であるらしいということであった。

私が、「そのうち敵機は日本の上空に侵入してくるし、故意でなくとも、敵の爆弾は伊勢《いせ》神宮や宮城にも落ちてくる可能性は覚悟せねばなるまい」と説明しても、最初のうちは、「日本は神国であるからそんなことは絶対にない」と頑張る始末で、全く手がつけられなかった。私が根気よく、分かりやすく説明すると、畑中少佐は最後に涙を流しながら、「それなら、どうしたらよいか」とテーブルをたたいてくやしがるのであった。（中略）

畑中少佐の異常とも思われる国史観や、その後終戦まぎわ、阿南惟幾《あなみこれちか》陸相をかついだ彼等の宮城クーデター計画を軸とする暴走ぶりなど、一般常識ではなかなか理解できないところであるが、根源的には、建軍の基礎たる陸軍教育そのものにまで溯《さかのぼ》らねばならない問題かもしれない――

なお中山は、「両人とも米国については何も知らず、また大して興味も持たない」ということに関連して、開戦前の陸軍の米国にたいする情況判断を同書の（註）につぎのように書いている。

――昭和五十二年、旧陸軍将校たちが、大東亜戦争の開戦経緯について行なった座談会記事（『偕行』）によれば、開戦前の陸軍の情況判断は、「アメリカにはギャングがおって野蛮な国であるという気持が非常にあった」「対米作戦では、フィリピン攻略に三個師団、グアム占領に一個旅団を使う。それ以外の対米作戦は全《すべ》て海軍作戦と思っていた」「独・ソ陸軍は世界第一流であるが、米陸軍は第四流」という程度のものであった――

敵を知らず己を知らずもいいところだということであろう。

昭和十九年十月二十四、二十五日には、連合艦隊は総力をあげてフィリピン沖海戦を決行した。レイテ湾の米軍を撃滅しようというものであった。ハルゼー大将が指揮する米機動部隊を北方海面に誘致する小沢艦隊の囮《おとり》作戦は見事に成功した。しかし、主力の栗田《くりた》艦隊は、レイテ湾を目前にして謎《なぞ》の反転をし、作戦は水泡に帰した。連合艦隊はこの作戦で潰滅《かいめつ》状態となった。

神風《しんぷう》特別攻撃隊による特攻作戦が開始されたのはこのときであった。

特攻にたいする井上の見解は、昭和二十年二月に、陸軍省から「特攻戦死者の遺族弔問のため、大臣代理として大将を派遣したい」という申し入れがあったときに書いた文書に、あるていど示されている。

――海軍はいまや全軍特攻である。航空特攻は今後何千何百出るであろう。航空以外の新兵器による特攻（空中特攻「桜花」、水中特攻「回天」、水上特攻「震洋」等の部隊が生まれていた）も出現する。これらの特攻の遺族に対し、今後洩れなく弔問することは不可能である。また大将を派遣するとならば、資材、労力の浪費も少なくない。現在は戦力増強が大切である。遺族の弔問よりも、戦《いくさ》に勝つことに努力することが特攻の真意に副《そ》うゆえんである。海軍は陸軍のやることに反対はしないが、海軍はやらぬ――（防衛庁戦史部所蔵）

また、昭和二十年一月二十日付で米内海相に提出した「大将進級に就《つ》き意見」という文書のなかでは、

——第一線は神風隊の如く人類最善最美の奮戦をなしつつあり。作戦しかも不如意なるは戦力の不足に在り。戦力不足なればこそ第一線将兵をして神風隊の如き無理な戦をなさしめつつある次第なり。

戦力不足は誰の罪にもあらず、国力の不足なり。国力不足に無智《むち》にして驕兵《きようへい》を起したる開戦責任者に大罪あり——

と書いている。

このように井上は、特攻の責任を開戦責任者にもっていっているが、自分自身も、「無理な戦《いくさ》」といいながら、反対はしていない。どう考えていたかといえば、何をやってもだめだというところまでいかなければ、終戦のいとぐちはつかめないと考えていた、というほかなさそうである。

フィリピン沖海戦では、重巡鳥海の軍医長であった井上の娘靚子《しずこ》の夫丸田吉人軍医少佐が十月二十七日に戦死し、井上の一身にはまた辛苦がふえた。

十一月二十四日には、B29七十機が東京を初空襲し、中島飛行機武蔵工場に大きな損害をあたえた。その後、何日かに一回の空襲があり、やがて人道主義を唱えるアメリカも、都市壊滅と非戦闘員殺傷をねらう無差別焼夷弾《しょういだん》爆撃をやりはじめる。

それでもこのころはまだ、終戦への論議はほとんど盛り上がらなかった。

海軍省では、ときどき米内海相が内外の客を招待する会食があり、終わると、書記官、副官、秘書官などが、米内、井上たちと二次会をやった。するといつも井上が、米内に、

「江田島の村長に返してくださいよ。江田島の村長はいいですよ」

といっていた。

横山はそれを見ていて、（井上さんは、ほんとに兵学校長を好いているんだな）と思った。横山の見るところ、井上は、海軍部内を統制することは嫌ではなさそうであった。

しかし、陸軍との折衝が嫌で嫌でたまらないらしく、ときどき「陸軍が」といわずに、「動物が」「動物が」といっているのを耳にした。

井上は、陸軍には「知性」がないと思っていた。知性があるならば、張作霖《ちょうさくりん》事件以来の数知れない悪業はなかったろうし、またここへきて、本土決戦で日本を破滅させるのと、降伏して再起をはかるのと、どちらがいいかぐらいは判るはずだと思っていたのであろう。

昭和十九年十一月二十九日、新鋭空母信濃《しなの》が潮岬《しおのみさき》沖で米潜水艦の雷撃をうけて沈没し、日本海軍の前途はいよいよ暗澹《あんたん》としてきた。

前記沢本倫生は、中尉で信濃に乗り組んでいたが、危うく助かり、副長命で呉《くれ》鎮守府に使いに行った。当時の呉鎮長官は、元海軍次官の沢本頼雄大将で、倫生の父であった。そこで倫生は、オヤジからおどろくべき話を聞かされた。それはこういうことだった。

沢本長官は、何週間かまえに、四国の海岸防備を視察した。そのとき、陸軍の同方面防衛の軍団長に会うと、

「わが軍には剣道有段者が○万人、柔道有段者が△万人おります。これをもってすれば、四国はぜったいに守れます」

といわれた。びっくりして、

「砲力はどれくらいありますか」

と聞くと、

「砲力はほとんどありません」

という。これはいかんと思い、

「呉には、海軍の八サンチ砲が十門ありますから、それを差し上げましょう」

というと、軍団長はよろこんで、

「それをもらえば鬼に金棒！」

とこたえた、というのである。

これを聞かされた倫生は、陸軍はなにもわかっていないし、本土決戦になったらもうおしまいだと思った。

井上の「思い出の記」によると、この十二月に、米内から大臣の椅子をゆずるといわれたが、

「陛下の御信任で小磯《こいそ》さんと共に内閣をつくった人が、くたびれた位のことで止めるなんていう手がありますか。今は国民皆、命をかけて戦《いくさ》をしているんではないですか。少なくとも私は絶対引きうけませんよ」

といって断わったという。

戦局、政局は悪くなる一方だし、終戦工作は遅々として捗《はかど》らず、前途に何の希望も持てないとあっては、いかに米内でもウンザリしていたのであろう。

それにしても、ふつうの人間ならば、大臣になれといわれて、最後まで断わるようなことはしないものだが、井上は最後まで断わった。理由は、昭和二十年四月に、三度めの推薦をうけたとき、人事局長の三戸寿少将にいったことばに示されている。

「だめだ、次官がやれるから大臣もやれると言うもんではない。私は大臣不適なことは自分でよく知っている。米内さんに、そのままやって貰《もら》うんだ」（「思い出の記」）

ということであった。

大臣ともなれば、清濁あわせのむとか、腹芸ができるとか、泥をかぶるとか、そういうものが、あるていどはなくてはならないであろう。ところが井上には、そういうものは薬にしたくもなかった。なにしろ、「水清ければ毒魚棲《す》まず」（元海軍大佐、兵学校第五十二期今川福雄への直話）などという川柳だか何だか妙なものをつくるぐらいの人物であった。

井上は、ここが井上のいいところだとも思うが、それをよく知っていて、色気を出さずに断わったのではなかろうか。また、とくにこのような時局では、米内でなければ役者がつとまる者はなく、日本は救えないと考えていたのであろう。

天皇制より民族保存が第一

昭和二十年に入ると、陸軍が「陸海軍統合」をさけびはじめた。

昭和十九年六月のマリアナ沖、十月のフィリピン沖海戦で海軍が大敗し、連合艦隊が潰滅同然となったので、海軍は弱くてアテにならないと見たのである。

陸軍は、海軍をアテにしない本土決戦で連合軍にひと泡ふかせ、それを講和にむすびつけようと考えた。そのためには、残存の海軍兵力を陸軍に吸収し、陸軍の指揮で連合軍を破ろうというのであった。

参謀総長梅津《うめづ》美治郎《よしじろう》大将は、昭和二十年一月十一日の参謀本部部長会議で、陸海軍の統合をはかるべしと指示した。

この考えは、やがて天皇まで達し、三月三日には杉山・米内の陸海軍大臣を召致して意見を聞くまでになった。

陸軍が海軍に「陸海軍統合」を正式に申し入れたのは、陸軍記念日の三月十日のことであった。

米内海相には軍事参議官朝香宮鳩彦《やすひこ》王大将が、井上次官には柴山兼四郎《しばやまかねしろう》陸軍次官が、小沢治三郎軍令部次長には秦彦三郎《はたひこさぶろう》参謀次長が、それぞれその申し入れをした。

しかし、本土決戦まえに終戦しようと、ひとすじに工作をすすめている井上が、それに同意するわけがなかった。

「陸海軍統合」にたいする井上の反対理由は、その当時書いて、防衛庁戦史部に保存されているいくつかの文書に、ずばり示されている。それはつぎのようなものであった。


〈陸軍が国軍一元化に乗り出せる理由　次官の推察　井上　〇印〉

一、日本は陸軍で持っている。日本を背負うものは陸軍なり。陸軍は日本を牛耳る力あり、又、力を培養すべし。
以上は陸軍の通論なること士官学校あたりの教育の裏面に明瞭に窺《うかが》い知るのみならず、満州事変以降陸軍の政策に常に其片鱗《そのへんりん》を見る所なり。
二、海軍の主体は艦艇に在りとは陸軍の現在尚堅持する見解にして、其《そ》の艦艇は、

「レイテ」戦以後姿を見せず。仍《よっ》て海軍は消失せしも同様なりとの見方を存し居る事、明《あきらか》なり。此《こ》の際《さい》国軍一本陸軍第一に行くべしとの気持となるは想像に難《かた》からず。

三、「レイテ」作戦以後、国民の陸軍に対する不満反感相当強きものあり、其の後はB-29の空襲開始、民家の被害漸増《ぜんぞう》と共に最近加速度的に増大しつつあるは（陸軍）当局の苦の極なり。仍て此の際、国軍一元化により、一は以《もっ》て国民反軍の一半を海軍に負担せしめ、一は以て今来の国家乗取の第一歩として、陸軍の専横に常に邪魔になる海軍を抹殺せんとの底意あるべし。

〈三月九日　局部長会報　次官より説明〉

陸軍に於《おい》ては陸海軍一元化し国防軍を作る前提として、大本営最高幕僚長問題を出し来れり。其の論旨とするところは陸海軍の意見一致せざる場合一人に依《よ》り裁断せんとするに在り。一致せざるが不可にして一致せしむべきなり。万一、一致せざる場合は御聖断を仰ぐべきなり。但《ただ》し、大本営の陸海軍部が同所に勤務することは必要にして此の方向に進むべし。

右頭に入れおくを要す。外部に洩れると陸海不一致等のデマを生ずるに付注意すべし。此の場限りとする。

〈四月十日付書類〉総理（筆者註・鈴木貫太郎）奏上の際陛下より、陸海軍の統合などという問題を朕《ちん》の発意だと思って居る向《むき》もあるが、そんなことは全然ないからとの御言葉あり。

杉山前陸相が下に伝えるときに曖昧《あいまい》なことを言いたるが間違いの元か。

朝香宮奏上の際、陸海軍の統合問題に付、申上げたる処《どころ》、陛下は御返事なく、「逓信省と鉄道省とを一緒にして運輸通信省を作ったがうまく行ってないね」と仰せられたり。

総理（鈴木）より大臣（米内）に対し、陸海軍の局長を自分の所へ集めて見たらどうかとの話あり。次官は大臣に対し、「此の種のことは陸海軍夫々《それぞれ》の大臣に言えばよい。そんなことに総理が局長を集むるべきに非《あら》ず、取合いたくなし」と申し上げたり。（終）

米内も、この井上の見解に全面的に同意していた。すでに米内は、三月三日、天皇の御下問にたいして、

「……本土のみに立てこもるとなれば、さらに海軍の立場は考えなければならぬと存じますが、それはそのとき研究すべきことであります。今日戦局が不利であるから、陸海軍を統合するということは適当でないと存じます。

これを要するに大本営が同一場所において勤務するということ以外は、今日これを為《な》すべき時機でないと存じます」（『高木海軍少将覚え書』毎日新聞社）

とこたえていた。

また、三月十日に朝香宮によばれて統合をすすめられたときも、これを拒否している。

けっきょくこの「陸海軍統合」は、米内・井上が、その後の陸軍の再三にわたるよびかけにもガンとして反対しつづけたために、実現されなかった。

天皇の意も米内・井上とおなじであったようである。『高木海軍少将覚え書』の「84岡田大将所見二〇年三月初旬　野村大将（吉三郎、海軍大将）に」には、

——AB総長（筆者註・参謀総長と軍令部総長）を一人にして、その下に陸軍部、海軍部を置く案は自分（筆者註・岡田）がかつて奏上したことがあるが、○○は非常な御不満の御気色であった。

現制で協調して行く外はあるまい——

と書いてある。○○は天皇である。

また、野村実は、『昭和史の軍部と政治』第四巻（第一法規出版）の第一章「太平洋戦争下の軍部独裁」で、つぎのように書いている。

――鈴木内閣（貫太郎、海軍大将）が成立した（筆者註・四月七日）直後、天皇は鈴木に、統合問題について「朕の発意だと思っている向きもあるが、そんなことは全然ないから」と言明された。

この問題は四月二十七日、鈴木が陸海軍首脳を首相官邸に集めて会談したとき、現状維持で結着している。

この日を最後として終戦まで、再び陸海軍の統合問題が論議されることはなかった。米内の統合反対は、すでに終戦をめざしていたこの時点で、海軍を背景とする発言権を保持しようとしたものであることは疑われない。終戦への米内の役割の大きさを思うとき、天皇の鈴木への言明は、終戦への間接的な聖断であったと位置づけることができる――

大井篤は、「陸海軍統合」にたいして井上が取った処置についてこういっている。

「それが終戦にたいする井上さんの一番の功績だ。本土決戦をやるといっている陸軍に対抗して戦争をやめさすことができるのは海軍の統帥権しかない。それを守って終戦にみちびくことができたのだから。米内さんも井上さんを次官にえらんでよかった」

この当時、所信に不動の米内・井上でなく、ほかの者が海相・次官であったならば、その後の日本はどうなっていたであろうか。

この二ヵ月あまりまえ、黒海北岸のヤルタで、米国ルーズベルト、英国チャーチル、ソ連スターリンによる「ヤルタ会談」が行なわれた。二月四日から十一日までの八日間で、その間に、ルーズベルトとスターリンは、ソ連の対日参戦について、つぎのような取り引きをした。

「戦後に南樺太《カラフト》、千島、満鉄、旅順、大連《だいれん》をソ連に進呈するという条件で、三ヵ月以内にソ連は対日戦に参戦する」

そのときチャーチルは不在であったが、二月十一日には、彼もこの「秘密協定文」に署名した。不在なのになぜ署名したかといえば、「イギリスが極東に踏みとどまれるようにするために」ということであった。

またこの三首脳は、中国の主権にかかわる満鉄、旅順、大連をソ連に進呈するということを、中国政府の蔣介石《しょうかいせき》に一言の断わりもなく取り決めていた。

こういうことからすると、世界の大国の巨頭といっても、マフィアのボスたちとあまり変わらないようである。

ヤルタ会談の秘密協定文は、アメリカでは四月十二日にルーズベルトが死んだあと、新大統領のトルーマンにひきつがれた。

ルーズベルトのカバン持ちであったホプキンスは、トルーマンの使いとしてソ連に行き、五月二十八日に協定文の具体化について、スターリンと会談した。スターリンは、八月八日には十分な用意ができ上がるが、ヤルタ協定の実施いかんにかかっているといった。蔣介石がヤルタ協定に同意すれば、ソ連は八月八日に参戦するというのである。また、「対日占領に参加したい」「天皇制は廃止した方がよい」ということも主張した。

六月十五日、重慶でハーレー米大使は、はじめてヤルタ協定の内容を蔣介石に説明した。それを聞いた蔣介石は、その夜の日記に、「悲憤とどまるところなし」と書いた（以上『交詢《こうじゅん》雑誌』昭和五十八年九月号、朝日イブニングニュース社顧問中村貢の講演「ヤルタとポツダム」より）。

三月十日、東京がB29の大編隊に大空襲をうけた。中山定義は『一海軍士官の回想』で、その惨状をこう書いている。

——東京大空襲の直後、私は自分で下町の焼け跡をつぶさに見て回った。

どの川も死体が満ちあふれ、川岸に引き揚げられているのはまだほんの少しであった。川から引き揚げられた死体の大部分は、衣服を着けており、そのうちほとんどの婦人の遺体の上には申し合わせたように預金通帳がよく分かるよう帯などに挟んであった。誰かが死体確認のためにやったことと思われたが、痛々しい極みであった。これで住所・姓名はよく分かるわけである。そのころ市民の間に、「葬儀代だけはいつも身につけておく」と言い交わされていたことなどを思い合わせ、これら犠牲者たちの心情にただ暗然とするのみであった――

井上は、昭和二十年に入ってまもないころ、海軍省記者クラブ「黒潮会《こくちょう》」と記者会見をしたことがあった。そのとき、毎日新聞の新名丈夫が、きびしい口調で、

「海軍はこの戦争をどうするつもりですか」

と聞くと、井上は姿勢を正して、

「それは和平です」

とこたえ、記者団を粛然とさせた。

井上は、多くの良識ある人たちが、いいたくてノドまで出かかっていることを、いいきった。

これはたった一行でも記事になれば、たちまち井上の命はなくなったにちがいない。

しかし井上は、これを記者たちが書かないし、また書けないことも知っていたのであ

る。

それでも、海軍が日本を救うために和平に努力していることを知らせ、生きる希望を持たせたかったのであろう。

三月十七日には硫黄《いおう》島の日本軍が全滅した。

米軍はただちに飛行基地を整備し、新鋭戦闘機P51を多数進出させた。その後、P51に護《まも》られたB29の大編隊が、連日のように日本本土都市の無差別爆撃をはじめ、一般国民に甚大な被害を加えるようになった。

麻生孝雄秘書官の回想によると、当時の井上は、毎日のように、

「大臣、手ぬるい、手ぬるい。一日も早く戦《いくさ》をやめましょう。一日おくれれば、何千何万の日本人が無駄死するのですよ」

と米内を責め、ときには具体的な計数を示して説得にかかっていたという。

三月下旬、小磯、米内内閣は難局打開にいきづまり、総辞職もちかくなった。

後任首相が天皇の信任厚い鈴木貫太郎と内定されると、井上は、米内の海相留任運動に全精力をつくしはじめた。

その後のことについて、井上は「思い出の記」に、要点つぎのように書いている。

——「鈴木大将は人物も度胸も申し分ない（筆者註・井上が候補生時代、練習艦宗《そう》

谷《や》で指導をうけた）が、失礼だが総理として必要な政治感覚に乏しいと思う。それゆえ鈴木内閣ができるとすれば、米内大将はぜひとも鈴木さんの片腕、相談役として入閣してもらう必要がある。これはぜったい条件と思う」

と木戸さんに伝言願う（筆者註・高木惣吉から木戸幸一内大臣へ）。

以上はぜんぶ米内さんに内証で井上一人で取計らった。これはずいぶん乱暴な僭越《せんえつ》行為と自分でも承知している。しかし米内さんは前からなんども、大臣をやめたい、やめたいといっている。こんど新内閣となれば、これを好機に強く「やめる」と先手をうたれるかもしれない。そうすると鈴木内閣はできても何もできないことになるおそれがある。（少くとも私はそう考えた）。それゆえ、米内さんの先手をうって、鈴木さんの方で先に、米内留任を絶対条件にして組閣を決心しておいてもらう必要ありと考えたのである。

かくていよいよ鈴木大将に組閣の大命が下った（筆者註・四月五日）。

さっそく高木君を鈴木邸に走らせ、直接鈴木大将に会って、

「ぜひ米内海軍大臣留任を堅持し、誰がなんといおうと、これだけは必ず守りとおしてください。海軍の総意（実は井上一人だけの考え）です」

と申しあげ、鈴木さん承知してくれた。

一方、米内大臣は、

「長谷川（筆者註・長谷川清大将、兵学校第三十一期）をよべ」

との命令。（中略）

翌朝八時すこしすぎ、及川総長（筆者註・古志郎、大将）が次官室に来られ、私に、

「米内大将に留任していただくわけにはいかないのかね」

これで及川大将、大臣室に入る。

ややあって、長谷川大将が次官室に入って来られ、私にいきなり、

「大臣の問題か」

と尋ねる。

「そうです」

と答えると、

「米内さんではいけないのか」

と問われる。（この辺の呼吸ぴったりである）。そこで私は、

「……今日国家大事のさい、米内さんの政治家の不評は起きても（筆者註・小磯が辞職して米内が留任ということで）国を救う方が第一だと考えます。鈴木さんに総理を
やってもらうにはどうしても、いちど総理の経験のある米内さんについていてもらう

ことがぜったいに必要だと私は考えています。米内さんはあなたを推す心持でしょうが、国のためから見て、米内第一で押すべきだと思います。……」

これだけの話の後、長谷川さんも気持よく大臣室に消える。（長谷川さんのこの態度、ちかごろの政界の大臣病患者に見せたい）――

四月七日、鈴木内閣が成立した。陸相は新任の阿南惟幾《あなみこれちか》大将であったが、海相は井上はじめ多くの海軍軍人がのぞんだ米内が留任した。外相はこの日決まらなかったが、九日に東郷茂徳《とうごうしげのり》が決定した。

大井篤は、井上のいちばんの功績は「陸海軍統合」を阻止したことだと評した。私は、米内留任を実現させたことも、劣らぬ功績であったと思う。

しかしこの四月七日は、どういう因果か、日本海軍の象徴であった戦艦大和が消える日ともなった。

同日午後、沖縄突入をめざしていた戦艦大和、軽巡矢矧《やはぎ》、駆逐艦四隻が、九州南西方海面で米艦載機多数にめった撃ちにされ、沈没したのであった。

本書の冒頭で書いたように、昭和四十五年五月九日に、私は同期の高田静男と井上を訪問したが、そのとき、大和・矢矧などの水上特攻作戦について、井上は、

「戦《いくさ》は数学的根拠にもとづいて戦わねばならないものであって、精神だけで勝てるも

のではない。大和の沖縄突入作戦はもっとも馬鹿げた作戦だ。高田君はあのとき退艦して助かったそうだが、もし出ていったら全く犬死だよ。しかし、そのような馬鹿げた作戦を止めさせることができなかった当時の帝国海軍に問題があるんだ」

と語った。

高田は三月三十日に兵学校を卒業し、少尉候補生として大和に乗艦していたが、出撃前夜、何十人かの候補生とともに退艦を命ぜられ、命をながらえたのである。

四月のはじめ井上は、「日本の執るべき方策」と題して、十三行海軍罫紙《けいし》十数枚に所見を書いて、米内海相に提出した。

四月一日に米軍が沖縄に上陸し、米内から「沖縄をとられたらどうするか」と聞かれ、そのこたえとして書いたものである。井上の回想によると、

「独立が保たれれば、他はどんな条件でもよいから戦をやめるべきである。米軍の本土上陸前に講和をしなければ、日本人の国民性から考えると、米軍にたいし徹底的に抗戦し、ついには講和する母体まで消滅させてしまうであろう。それを防ぐための中立国、ソ連（スウェーデン、スイスでも可）を介してすみやかに交渉を開始すべきだ」

というものであった（伝記刊行会『井上成美』）。

『高木海軍少将覚え書』（毎日新聞社）の「193　井上成美大将談　一九五一年五月一〇日一〇三〇―一五〇〇（横須賀長井町荒井の井上氏邸にて）」にはつぎのとおり書いてある。

――三、米内、近衛会見（中略）

四月の始め頃《ごろ》、日本の採るべき方策について、十三行罫紙十数枚書いた。

㈠日本国独立ということだけは失われぬ。その他はどんな条件でもいいから、戦《いくさ》を止めねばならぬというものであった。

㈡中立国を介して交渉する。

ソ連でもスイスでもスウェーデンでもよい。ソ連は唯一の大国で、戦争相手でない国であった。（筆者註・当時井上はヤルタ会談を知らなかった）――

ざんねんながら、米内に提出されたというこの十三行海軍罫紙十数枚は、現在行方不明である。

しかし、井上の談話と高木の覚え書からすると、内容はこのようなものであったろう。

なお、『高木海軍少将覚え書』には、この「井上成美大将談」の後半に、

――十、五月下旬、天皇制承認があったら、米内、井上が斃《たお》れる程のことはあったろうが、終戦は出来たろう。ポ宣言（筆者註・ポツダム宣言）に食いついて、終戦は可能であったろう。

天皇制は認めないといっても、終戦すべきであった。天皇もその御心境だったろうと思う――

と書いてある。

とすれば、井上は、四月はじめに、すでに、「できれば天皇制を認めさせるが、どうしてもだめならば、天皇制は認めないといっても、終戦すべきだ」という見解を示していたといえそうである。

もしそうならば、当時、国家の要職にあった者で、こんな急進的な意見を公式の文書で上司に提出したというのは、井上ぐらいではなかったかと思われる。

だが、その井上が、五月十五日に海軍大将に進級すると同時に、海軍次官を免ぜられ、無任所の軍事参議官となった。

井上の大将進級については、一月はじめにつづき、三月半ばにも米内から井上に内示があった。井上の一期まえの兵学校第三十六期の塚原二四三《にしぞう》中将とともに、四月一日付で進級させるというのであった。井上は、自分は人格・技能・戦功どれも大将の器ではないから辞退したいと断わった。それも儀礼で断わったのではなく、前後三回にわたり、「大将進級を不可とする理由」というリクツっぽいこまごました文書を提出して断わっている。バカみたいと思えるほどのものである。

井上のガンコな抵抗で、四月一日大将進級は見送られた。しかし、どう考えたのか、米内は井上を大将に推薦し、五月七日か八日ごろ天皇の裁可を得て、井上に伝えた。すると、

「陛下の御裁断が下ったのでは致し方ありません。あたりまえの人なら大臣の御取り計らいに対し御礼を申すべきでしょうが、私は申しません。なお、次官はやめさせていただけるでしょうね」（以上「思い出の記」参照）

とこたえ、井上は五月十五日付で、次官の椅子から去った。そして、最後の海軍大将となった。

後任次官は、軍務局長で兵学校第四十期の多田武雄中将であった。

戦後の昭和四十五年に、元毎日新聞記者の新名丈夫と対談した井上は、

「それで米内さんと喧嘩別れしちゃったんだ。（中略）それっきり仲直りしていません。その問題についてはね」（『歴史読本』昭和四十五年九月特別号）

と語っている。

しかし、米内はなぜ井上を次官からはずしたのであろうか。

大井篤はこういう。

「陸海軍統合について、井上さんがぴしゃりとやり、陸軍から目の敵にされた。それで米内さんは危いと思い、やめさせた方がいいと思って大将にしたのではないか。また、井上さんのように激しくやると逆効果で、うまくいくものもいかなくなるということもあったんじゃないか」

伝記刊行会『井上成美』は、大井とおなじような理由をあげたほかに、つぎのように書いている。

――米内と井上の考えが、和平という大筋では一致したものの、具体的な方法については必ずしもピタリと一致していなかったのかもしれない。麻生、岡本（筆者註・功、中佐）両秘書官はその可能性があるといっている。（中略）

近衛や木戸や原田熊雄《くまお》ら天皇側近にとっては、国体護持や既存の体制維持を前提としての停戦であり、和平であった。しかし井上にとっては一般庶民の側に立っての和平工作であった。米内と井上の間にも、同じような考え方の開きがあったのではなかろうか。井上の次官更迭の真因は、前述のいくつかの可能性にもまして、このことがもっとも大きかったと推定するのは早計であろうか――

からである。

宮野澄は、『最後の海軍大将　井上成美』（文藝春秋）で、

――終戦和平の条件をめぐって、大きな相違があったからである。

それは天皇制をめぐってのことであった。井上はあくまでも終戦を優先して考えるべきで、たとえ天皇制の護持が不可能になったとしても、和平を締結すべしと米内に迫っていたというのである。

ところが米内にしてみれば、天皇制を護持することは大前提で、和平のための条件はそれ以外に求めるべしと考えていた。（中略）

ただ、ここまで井上に決意させたについては、井上の天皇に対する並々ならない尊崇と信頼の思いがあった。（中略）国の命運を決する時、天皇制護持を条件にせよと仰せられるとは、とても井上には思えなかったのである。

和平工作がテンポ緩く、手ぬるいと思っていた井上は、天皇制廃止の条件を提示しても早期和平を結ぶべしと責めたてたのである。

もし、このことが洩れでもしたら、大変なことになる。井上の口と行動を封ずるためにも次官を外した方がよいと米内は考えたのである――

と書いている。

以上の理由のうちで、対陸軍政策のためという大井の見解は誰もが認めるところと

思われる。

問題は、伝記刊行会『井上成美』の、「井上のは一般庶民の側にとっての和平工作であった」というのと、宮野の「天皇制廃止の条件を提示しても早期和平を結ぶべし」というものであろう。

まず、「一般庶民の側にとっての和平工作」であったかどうか。

前記したが、戦後井上は、野村の問いに、

「大和民族の保存が念願だった」

と、くりかえしこたえている。「庶民」ということばや、「国民」ということばは使っていない。「大和民族」ということばはなにを意味するかといえば、「天皇」がふくまれているということであろう。それも、「日本民族」といわず、「大和民族」といっているのだから、井上の考えもおよそ察しがつくというものではなかろうか。

また、井上は天皇をどう考えていたであろうか。

「天皇についてどうお考えですか」という私の問いにたいして井上が、

「なかなかの名君ですよ」

とこたえたことは前記した。

そのときのことであった。同行の高田が、

「歴代天皇でも、明治天皇がいちばんえらい方だったのではないでしょうか」

とたずねると、井上は、

「いまの天皇がえらい方ですよ。私は、もし天皇がお亡くなりになるようなことがあったら、お墓参りにいきます」

と、だめ押しをするようにいったので、私もおどろいたが、高田はびっくりして、呆然《ぼうぜん》の態《てい》となった。

井上は、終戦まえ、天皇と東郷外相と米内海相がもっともつよくポッダム宣言受諾を主張し、それによって日本が救われたのだということを私らに話した（以上、本書冒頭の井上訪問のとき）。

戦後、いつのころかはっきりしないが、井上の再婚後のことである。井上を訪ねたA元海軍大佐に、井上はつぎのようにいっている。

「A君、さきごろ、ご内意といって、宮内庁の人が訪ねてこられた。私は、私のやったことが天皇のお気持にかなっておったと分かって、まことにありがたい。死んでから、両親に合わせる顔がある」

これらのことからすると、「一般庶民の側にとっての和平工作」という表現は、適切ではないような気がする。

つぎに、宮野の「天皇制廃止の条件を提示しても早期和平を結ぶべし」ということを井上が主張したかどうか。

井上の大将進級が裁可されたのは五月七日か八日ごろ（「思い出の記」）であった。

そして、次官をやめたのが五月十五日である。

そのころ、「天皇制廃止」の条件を提示すれば、米英等連合軍は満足して和平に応じたであろうか。

米・英・中の三国によるポツダム宣言が発表されたのは七月二十六日で、その条件の要点はつぎのようなものであった。

（前略）

六、無責任な軍国主義を駆逐すること。

七、平和と安全と正義の新秩序が確立し、日本の戦争遂行力がなくなるまで連合軍は日本を占領する。

八、日本の主権は本州、北海道、九州、四国、その他の諸小島に限定される。

九、省略

十、戦争犯罪人は処断する。民主主義的傾向が復活強化されることにたいする一切の障碍《しょうがい》を除去すること。基本的人権、言論、宗教思想の自由を確立すること。

十一、戦争のための再軍備は許さない。
十二、省略
十三、日本武装兵力は無条件降伏すること。
これらを見ると、彼らの要求は、「陸海軍の解体」「軍国主義の駆逐」「民主主義の確立」が主で、「天皇制廃止」というものはない。むしろ、七月二日には、米国スティムソン陸軍長官らは、三国間で秘密に協定していた「スターリンもポツダム宣言に同意している」、「天皇制を保持させる」、「原爆を使用することもありうる」の三点も、この宣言につけくわえるように、トルーマン大統領に勧告しているのである（前記、朝日イブニングニュース社顧問中村貢の講演「ヤルタとポツダム」より）。

それに井上は、前記『高木海軍少将覚え書』によると、「五月下旬、天皇制承認があったら、米内、井上が斃《たお》れる程のことはあったろうが、終戦は出来たろう。ポ宣言に食いついて、終戦は可能であったろう」といっているのである。

和平交渉も始めないうちから、「天皇制廃止の条件を提示して早期和平を結ぶべし」と主張するとは、とうてい考えられない。

だから、天皇制の問題で、米内が井上を次官からはずしたというのは、ウガチすぎと思われる。

では、米内が井上を次官からはずした真因はなにかということになるが、そのまえに、井上が天皇制は認めないといっても、終戦すべきだったというのは、どういう考えだったのか、である。

それは、かんたんないい方だが、本土決戦をやれば、皇室も国民も国土も粉砕されて、天皇制どころか、何もかも残らなくなるというものであったというほかなさそうである。

終戦前日、八月十四日の御前会議で、天皇は、つぎのような決断を示している。

「（前略）戦争ヲ継続スレバ国体モ国家モ将来モナクナル　即《すなわ》チモトモ子モナクナル今停戦セバ将来発展ノ根基ハ残ル　武装解除ハ堪《た》へ得ナイガ国家ト国民ノ幸福ノ為ニハ明治大帝ガ三国干渉ニ対スルト同様ノ気持デヤラネバナラヌドウカ賛成シテ呉《く》レ　陸海軍ノ統制モ困難ガアラウ　自分自ラ『ラジオ』放送シテモヨロシイ

速《すみやか》ニ詔書ヲシテ此ノ心持ヲ伝ヘヨ」

井上の考えは、天皇のこの考えとおなじであったといえる。

井上が天皇制の存続を願っていたことは、「五月下旬、天皇制承認があったら、米内、井上が斃れる程のことはあったろうが、終戦は出来たろう」といっていることからして、疑えないであろう。

しかし、「天皇制」よりも「大和民族の保存」「日本の独立」が先だということだったのである。

ところで、「五月下旬云々《うんぬん》……」ということだが、これは、つぎのようなことであった。

四月二十八日にはイタリアのムッソリーニが処刑され、三十日にはドイツのヒトラーが自殺し、五月七日にはドイツが無条件降伏し、日本が頼りにしていた二国が消えてしまった。だから、独伊の敗北を理由にして終戦にもっていこうというのであった。

ただ、当時はまだ、とくに陸軍が非常に強気で、米内・井上が殺されることで終戦ができたかといえば、やはりむずかしかったというのがほんとうであろう。

「天皇制」の問題になったので、ここでもうひとつ、つけくわえておきたい。それは、井上は「天皇制」の存続は願っていても、同時に、改正もつよくのぞんでいたのではないかということである。

井上の生涯の敵は、アメリカ・イギリスではなくて、日本陸軍であった。陸軍は、大正・昭和にかけて、「陸軍第一・国家第二主義」で悪業を重ね、ついに日本を太平洋戦争にみちびいた。陸軍がそのようになったのは、大日本帝国憲法の「天皇の統帥権」を悪用したからだ、と井上は思っていたようである。

井上は、同憲法の「天皇制」のうち、すくなくとも、

第十一条　天皇ハ陸海軍ヲ統帥ス

の条項は抹消してもらいたいと願っていたと思う。現実に、これによって「天皇制」は「陸軍制」になっていたし、海軍の軍令部も「陸軍化」していた。

井上が、「天皇制は認めないといっても、終戦はすべきであった。天皇もその御心境だったろう」といっているなかには、この願いがふくまれていた感がする。

では、米内はなぜ井上を大将にして次官からはずしたのか。

井上は、昭和二十年三月末までに、米内の大臣推薦を二回断わっている（昭和十九年十二月、二十年二月か三月。「思い出の記」より）。大将進級については、二十年はじめの米内の内示にたいして、一月二十日の「大将進級につき意見」と、二月三日の「当分海軍大将に進級中止の件追加」で、二回断わっている。

それでも米内は、四月に入って、三戸寿人事局長を通して、井上に海軍大臣になるように三たびすすめている。つまり米内は、井上は大将になって海軍大臣をやるべきだという意向を持っていたのである。これからすると、対陸軍政策でもなくなる。

とすると、あと考えられるのは、

（井上を次官にしておけば、現実には井上大臣、米内次官になって、自分のペースでやりにくい。ほかの者を大臣にしても、井上が次官だったら、おなじことになり、うまくいかないだろう。しかし、井上の考えはわるくない。だから、井上に好きなようにさせるには、井上が大臣をやるしかない。それでも井上が嫌だというならば、軍事参議官の立場から協力してもらうほかない）

ということである。これが米内の井上はずしのいちばんの理由のようである。

井上の後任の多田は井上と反対で、いわれたことと決められたことだけをやるタイプだったらしい。

五月十五日に大将の軍事参議官となった井上は、一ヵ月ほど伊豆《いず》の伊東《いとう》に行き、これからどうすべきかを考え、東京にもどると芝の水交社で寝泊まりするようになった。そこには、軍務局二課の中山定義中佐も寝泊まりしていて、井上は中山から種々の情報を得た。

ある日、この水交社で、たまたま米内に会うと、米内は井上に、

「なにもかも、俺《おれ》一人でやっているよ」

といって、近況を話して聞かせた。

戦後井上は、高木惣吉に、

「多田次官はあまり慣れていないので、大臣にたいする補佐が足らなかったのであろう」

といったという。

井上の帰京によって高木は、

「報告先が次官室から水交社に代わっただけ」

というように、和平工作は、ラインは米内―高木―井上となったが、前とおなじようにつづけられた。

山本啓志郎少佐（兵学校第六十期）は、六月四日に海軍省副官兼大臣秘書官として海軍省に着任した。しばらく勤務するうちに、愕然《がくぜん》とする事実につき当たった。山本の『航跡』（海上自衛新聞社）には、つぎのようなことが書いてある。

――何日か経《た》って、最高戦争指導会議で配布された資料であったと記憶するが、わが戦争遂行能力を示す石油を始めとする軍需生産の現況、戦災による国内の被害状況、民生特に食糧事情等の資料が先任副官から厳秘の印を押して回覧された。当時私といえども容易ならぬ事態に陥っているであろうことは想像していたが、国内の食糧事情が秋以降は責任が持てない——餓死者が出始めるかも知れない——というその資料を見て、私は転倒せんばかりの衝撃を受け「これでは戦争は続けられないのではないか。（後略）」と思った。そして今や大臣が異常な決意の終戦の道探究への意志統一に精魂を傾けておられるらしいことを身を以って感ずるようになった——

中山定義は、沖縄の日本軍が全滅した六月下旬ごろの陸軍強硬派の動向を、『一海軍士官の回想』で、つぎのように書いている。

——この月（六月）下旬のある夜、久しぶりに私は陸軍省軍務課国内班の畑中健二少佐、椎崎二郎中佐からの申し込みで、会談することになった。（中略）

議題は当然のごとく本土決戦問題であった。例によって畑中少佐は演技でなく衷心から「皇国の行方」「国体護持」に関する憂慮をその表情に浮かべながら、従来の島《とう》嶼《しょ》戦闘では補給が続かず、戦場も狭すぎて本格的陸戦はできなかった。敵地では地区の住民が情報その他で敵方に協力したが、本土ではこれらの点がすべて逆になる。本土には無傷の陸兵三〇〇万がいる等々、わが方に都合のよい点だけを並べたてる。戦場に住む老若男女の移動、住居とその食糧対策ひとつとってみても、いったいどうするのか。われわれが見聞する本土守備隊の装備や練度の劣悪さはお話にならぬ程度のものであるのに、いったい陸軍は正気であろうか。終わったばかりの沖縄戦（筆者註・六月二十三日、日本軍全滅）の経過をどううけとめているのか。

私から見れば、納得できないことばかりであるけれども、畑中少佐は「本土決戦は可能であり、必勝の算は我にあり」と、遮二無二私を説得したいらしい腹が見えすいてきたので、私は喧嘩別れにならぬ程度に反論し、適当なところで打ち切った。

それから二、三日おいて、さらに畑中少佐の申し込みで私たちは例の三者会談を持った。

畑中少佐は前日の繰り返しであったが、私は彼の抽象論に対し、逐一具体的に反論した。水際までで戦争を打ち切らず、陸軍のいう本土決戦に移行すれば、結局は統制のとれないゲリラ戦に突入すること必定。その場合には錦の御旗である国体護持そのものは、いったいどうなるのか？　自分の体験、過去の戦史・戦訓等を駆使して説得につとめたけれども、結局、双方の議論は平行線をたどって、どこまでもかみ合わない。とうとう畑中少佐は「海軍がどうしても本土決戦に反対するなら、陸軍はまず海軍をやっつけて」と口走り、例の陸軍得意の内乱説を持ち出す始末で、これ以上は話にならぬと腹をくくった私も、「それなら皇軍相撃つわけだから、なにも敵軍と戦うことはないではないか」「第一次上海《シャンハイ》戦の時、私もこれに参加したが、当時は軍艦旗

（海軍陸戦隊）は日の丸（陸軍）より十倍くらい第十九路軍に恐れられているという評判であった」などと応ぜざるを得なかった。結局この日は、後味悪い喧嘩別れとなってしまい、以後再び畑中少佐、椎崎中佐と会う機会はなかった

　また中山は、海軍右翼の一人、軍令部出仕兼海軍省出仕・兵学校第四十九期の藤井茂大佐（筆者註・山本五十六《いそろく》連合艦隊司令長官の政務参謀であった）との論争を、同書でつぎのように書いている。

　——ある日突然、私は藤井茂大佐から詰問を受けた。開口一番、「君は歴史を勉強したことがあるのか」ときた。

　私は彼が海軍部内屈指の論客であることは汪兆銘《おうちょうめい》工作以来よく知っていたので、「特別にはありません……」と軽く応ずると、「古来、民族興亡の跡を顧みれば、徹底抗戦で最後の一人まで戦った民族は克《よ》く復興するけれども、中途半端で降伏した民族は結局亡びてしまうものである」と、陸軍からよく聞く筋の説教である。私は「ははん」と思いながら、

「すでにわれわれは制空、制海権を奪われ、連合艦隊はもちろん、特攻までくり出してみてもこの有様です。アルミも底をついたので、造船施設を動員して木製飛行機を急造しようとしていることもご承知のとおりです。あとはただ惰性で、無辜《むこ》の国民を

玉砕の道づれにするのみです。私は後世のわが民族も、われわれがよく戦ったことを必ず認めてくれると信じます。玉砕戦に終わったベルリンが、米・英・仏・ソの四国軍によって分割占領され、市民が飢餓と窮乏にあえいでいる様子もご承知のとおりです。歴史といえば、私どもは子供の時、南北朝時代のことを習いました。私はこのまま本土決戦に突き進み、もし一つの代表政府で水際までに終戦を処理する機会を逸すれば、そのあと東・西・南・北朝時代のようなことが現出する公算は大いにありうるし、その場合は占領軍との結びつきで、本家争いも起こるであろうから、国体護持どころではないでしょう」

と、その頃考え続けていたことを一気にしゃべった。黙って聞いていた藤井大佐は、意外にも何も言わずに、あっさりと引き揚げてしまった――

昭和二十年七月二十六日のポツダム宣言にたいして、鈴木首相は、七月二十八日、

「これはカイロ宣言の焼き直しにすぎない。重大な価値ありとは考えられない。ただ黙殺するのみ」

と言明した。この「黙殺」は、米英の受信局では、ignore（無視する）と訳された。それをアメリカ政府は reject（拒絶する）とうけとり、秘密協定の「原爆を使う」「ソ連は参戦する」を発動することに決定した。

鈴木首相について井上は、戦後、つぎのように語っている。

「鈴木さんが強気だったのはゼスチャーだったという見方をする人もあるが、自分は陸軍のクーデターがこわかったのだとみる。かりに、終戦へもってゆくためのカムフラージュであったとしても、ほどほどで、クーデターがあっても、やるべきことはやるべきだと思う。日本国の運命を決めるという場合においては、自分の生命を捨てて、ちゃんと自分の本心をそこへ出してやるべきだと思う。カムフラージュが、あまり切迫した時期まで延びすぎた」（昭和三十七年三月十四日、防衛庁戦史室小田切政徳、野村実聴取）

八月六日、広島に原子爆弾が投下された。

八月八日、ソ連は日ソ中立条約を破り、対日宣戦を布告した。

八月九日、ソ連軍が満州国に侵入を開始した。同日、長崎に原子爆弾が投下された。

八月十日、前夜からの御前会議で、天皇が、東郷外相と米内海相（つまり海軍）の意見を採り上げ、国体護持を条件にポツダム宣言受諾申し入れを決定した。

同日午前十一時、米内海相は、元帥、軍事参議官らを大臣室に集め、ポツダム宣言受諾を説明した。

「い並ぶ大将が、いずれも残念そうな顔つきをしていたのに、井上大将だけはすがすがしい顔をしていた」

と、米内は秘書官に語った。

八月十二日、日本側申し入れにたいする、「降伏後、日本国を統治すべき天皇および日本政府の権限は（中略）連合軍最高指揮官に隷属すべきものなること」という連合国回答が到着した。

すると、このあと、阿南惟幾陸相を核心とするクーデター計画が実行にうつされようとした。野村実は、『海軍省首脳の終戦意見の対立―米内光政と井上成美―』で、それをつぎのように書いている。

――この計画が最終的に断念されたのは、昭和二十年八月十四日午前七時、阿南が参謀総長室に梅津美治郎を訪れ、梅津がクーデター計画を拒否したときである。そのときの状況をクーデター計画の一員であった陸軍省軍務局軍務課内政班長竹下正彦（中佐）が、つぎのように手記している（『大本営陸軍部』第十巻）。

「七時、大臣、総長前後シテ登庁。大臣ハ荒尾大佐ト共ニ総長室ニ至リ、決行ニ同意ヲ求ム。然《しか》ルニ総長ハ、先《ま》ヅ宮城内ニ兵ヲ動カスコトヲ難ジ（計画ハ本日ノ御前会議ノ際、隣室迄《まで》押シカケ、オ上ヲ侍従武官ヲシテ御居間ニ案内セシメ、他ヲ監禁セントスルノ案ナリ）、次デ全面的ニ同意ヲ表セズ。茲《ここ》ニ於《お》テ計画崩レ、万事去ル」――

同八月十四日、午前十一時前から宮中防空壕《ぼうくうごう》で御前会議がひらかれ、ここで聖断によってポツダム宣言受諾が決定された。

この日、陸軍将校らによる玉音放送用の録音盤奪取事件が起きたが、未遂のうちに鎮定された。事件の主謀者らのなかには、中山が会っていた畑中少佐、椎崎中佐もいたが、両名は宮城前楠公《なんこう》銅像付近で自殺した。

八月十五日正午、戦争終結の詔勅が録音放送され、戦争は終わった。三百万余の犠牲者を出し、国土は荒廃したが、大和民族は、危機一髪で保存されることになった。

終戦と同時に鈴木内閣は総辞職し、東久邇宮稔彦王内閣が成立した。すると井上は、海軍軍事参議官の間をまわり、意見をまとめ、

「参議官総員、米内留任を希望する」

と、高木を通じて木戸内大臣に伝えた。

占領軍を迎え、全海軍を解体する、むずかしい最後の海相も、また米内がつとめることになった。

井上は二ヵ月の残務処理を終わり、十月十五日に予備役に編入された。三十九年間の波乱の海軍生活は、これで終わった。五十五歳であった。

昭和二十年十一月三十日、陸海軍省が廃止された。井上の生涯の敵であった陸軍は

消滅し、愛する海軍も消滅した。同時に禍の軍国主義も消滅した。

戦後井上は、人目につかない海軍の終戦工作について、

「終戦工作が実をむすび、八千万同胞が玉砕せずに残れたのは高木の力である。私はただそれを命じただけ」

といっている。

これは天皇の終戦決断にも役立ったということではないかと思われるが、その辺は不明である。

しかし高木は、『井上成美』伝記刊行会事務所へ、昭和五十四年六月末日付で、つぎのような書簡を寄せている。

――(前略)最初の話は確かにそれに近かったが、情勢は幾変転し、高木の思案に余ることもあり、特に内閣更迭(筆者註・鈴木内閣成立時)の際など、情報提供と共に井上大将(海相共)の肚を確めずに働くことは不可能故、かくれているわけに行かず、廊下とんびの様に省部を飛び廻《まわ》り、重臣、宮中関係者などと往復したことは初めの隠密《おんみつ》主義とは大いに異ったものと なりました。

(中略)

井上大将は私が功労者のように述べておられますが、以前述べた如く私はお使小僧

に過ぎなかったので、米内、井上両上司の考えを関係要所に滲透《しんとう》させるのが私の任務でした。（中略）

井上次官は自ら外部のイヤな奴等と接触されなかったので、私に功を譲ろうとしておられるが、米内さんは志正しく節堅きも弁舌が下手《へた》で説得力がなく、井上大将の正宗《まさむね》の様な斬《き》れ味の腕前で終戦の大事が緒に就いたと思います。

三等提督、陸軍に引ずられて大戦の渦中に入り、米内、井上の両将身命を賭《と》して国の壊滅を危機一髪の境に喰《く》い止められたが、両将を舞台に上られるよう苦心奔走した岡田大将（筆者註・啓介）の、かくれた恩を国民は忘れてはならぬと思います――

あとがき

井上成美《しげよし》元大将は、昭和五十年十二月十五日に、老衰で死んだ。八十六歳で、平穏な死であったという。妻の富士子は、昭和五十二年六月十六日に死んだ。七十八歳であった。

井上に十回ちかくインタビューしている野村実氏は、こういっている。

「井上さんは、真実を歴史に残すことが大切だ、それが国家のためになる、海軍を美化したり弁護するようではだめだといっていた」

井上の日本にたいする功績の二つは、

一、終戦工作の口火を切り、工作に力を尽くし、救国の役割を果たした。

二、戦後、日本全体の観点から海軍の欠陥・罪悪を公表し、戦争再発防止をはかった。

と、私は思っている。

いま、亡き井上大将と三百万余の戦争犠牲者の霊に、一つだけいわねばならないことがある。

（ふたたび馬鹿《ばか》げた戦争は起こさせない。しかし、必要不可欠の防衛力はととのえ、独立を奪われるというなら、命がけで戦い、かならず日本を護《まも》る）

ということである。

本書をつくるに当たって、貴重な話を聞かせていただいたみなさまに、厚く御礼を申し上げたい。

生出　寿

参考文献＊『井上成美』（井上成美伝記刊行会）＊『篠田英之介詩集』（篠田英之介、宝文館出版）＊『日本軍閥の興亡』（松下芳男、芙蓉書房）＊『太平洋戦争史』1・2・3（歴史学研究会編、青木書店）＊『日本の海軍』上・下（池田清、至誠堂）＊『海軍と日本』（池田清、中公新書）＊『海へ帰る』（横山一郎、原書房）＊『提督草鹿任一』（草鹿提督伝記刊行会編、光和堂）＊『海軍戦争検討会議記録』（新名丈夫、毎日新聞社）＊『自伝的日本海軍始末記』（高木惣吉、光人社）＊『私観太平洋戦争』（高木惣吉、文藝春秋）＊『高木海軍少将覚え書』（高木惣吉、毎日新聞社）＊『山本五十六』（阿川弘之、新潮社）＊『米内光政』上巻・下巻（阿川弘之、新潮社）＊『米内光政』（実松譲、光人社）＊『一海軍士官の回想』（中山定義、毎日新聞社）＊『航跡』（山本啓四郎、海上自衛新聞社）＊『最後の海軍大将・井上成美』（宮野澄、文藝春秋）＊『太平洋戦争への道』（朝日新聞社）＊『大本営海軍部　大東亜戦争開戦経緯(2)』（防衛庁戦史室著、朝雲新聞社）＊『大本営海軍部・聯合艦隊(7)』（防衛庁戦史室著、朝雲新聞社）＊『海軍兵学校沿革』（原書房）＊『海軍兵学校・海軍機関学校・海軍経理学校』（水交会協力、秋元書房）＊『毎日グラフ別冊　ああ江田島』（毎日新聞社、昭和四十四年八月一日号）＊『朝日ジャーナル』（朝日新聞社、昭和五十一年一月十六日号）＊『新潮』（新潮社、昭和五十八年四月号）

文庫本　昭和六十二年八月「反戦大将井上成美」徳間書店刊
文庫本　令和七年四月改題「提督井上成美」潮書房光人新社刊

DTP　佐藤敦子

NF文庫

提督 井上成美

二〇二五年四月二十四日 第一刷発行

著 者 生出 寿

発行者 赤堀正卓

発行所 株式会社 潮書房光人新社

〒100-8077 東京都千代田区大手町一-七-二

電話/〇三-六二八一-九八九一(代)

印刷・製本 中央精版印刷株式会社

定価はカバーに表示してあります

乱丁・落丁のものはお取りかえ致します。本文は中性紙を使用

ISBN978-4-7698-3398-7 C0195

http://www.kojinsha.co.jp

NF文庫

刊行のことば

第二次世界大戦の戦火が熄《や》んで五〇年――その間、小社は夥しい数の戦争の記録を渉猟し、発掘し、常に公正なる立場を貫いて書誌とし、大方の絶讃を博して今日に及ぶが、その源は、散華された世代への熱き思い入れであり、同時に、その記録を誌して平和の礎とし、後世に伝えんとするにある。

小社の出版物は、戦記、伝記、文学、エッセイ、写真集、その他、すでに一、〇〇〇点を越え、加えて戦後五〇年になんなんとするを契機として、「光人社NF（ノンフィクション）文庫」を創刊して、読者諸賢の熱烈要望におこたえする次第である。人生のバイブルとして、心弱きときの活性の糧《かて》として、散華の世代からの感動の肉声に、あなたもぜひ、耳を傾けて下さい。